W0388484

Zarathoustra dit : « Mes talons s'arquaient, mes orteils écoutaient, pour te comprendre : le danseur n'a-t-il pas ses oreilles dans ses orteils ! »

Ainsi parlait Zarathoustra, « L'autre chant de danse »

Friedrich Nietzsche

(1844-1900)

Premier mouvement

Vagabondage

Que ressent un bébé qui apprend à marcher ?

Vous souvenez-vous de ce que vous avez ressenti ce jour-là ? La première fois que vous avez lâché les mains protectrices d'une mère ou d'un père, la première fois où vous vous êtes lancé seul. Ce jour au bonheur impérissable pour des parents, ce jour qui reste gravé dans la mémoire familiale – mais ce jour qui vous échappe.

Ce moment capital dans la vie d'un jeune humain n'est pas resté gravé dans votre mémoire accessible, il erre dans les limbes de votre conscience, sans possibilité de récupération.

Pourquoi un souvenir aussi important nous échappe-t-il ?

Pourquoi un évènement aussi fondateur ne nous appartient-il plus, dépossédés que nous sommes de nos premières émotions, pourtant nécessaires à notre construction et à notre infini étayage ?

Il n'y a qu'à observer un tout-petit pour voir la fierté et la joie qui l'habitent lorsqu'il avance en équilibre sur ses deux jambes, voir s'exprimer cette délicieuse satisfaction de mettre fin à la frustration, générée par la dépendance et l'impuissance de ne pouvoir faire seul. L'enfant voit alors s'ouvrir devant lui, tous les chemins, tous les possibles – l'autonomie et la découverte comme perspectives de vie.

Je ne me console pas, de ne plus me souvenir de cet instant incroyable, où l'on parvient en même temps, à se mouvoir et à se propulser alternativement sur les membres inférieurs. On devrait se méfier des émotions confisquées, des souvenirs effacés, des parties de soi échappées. Ce que l'on égare, ce que l'on perd sera à reconquérir.

Ce sont en général des événements blessants ou traumatisants qui disparaissent ; provisoirement ou durablement de notre mémoire. C'est alors une question de survie émotionnelle, notre psyché tente de nous protéger, de nous isoler d'une trop grande souffrance. Mais, dans le monde de la psyché humaine, tout n'est pas toujours très logique ou réellement salvateur.

Le souvenir de nos premiers pas est indubitablement tout sauf un souvenir douloureux. Cette amnésie infantile, partagée par tous les êtres humains, nous empêche de nous remémorer nos premiers souvenirs, nos premières émotions, ressentis debout sur nos deux pieds.

La marche acquise, entre dix mois et vingt-quatre mois, constitue donc une pensée inaccessible pour tout un chacun.

Ma mère m'a dit que j'avais marché à douze mois. Pleine d'assurance, je me suis élancée en lui lâchant les mains, du jour au lendemain. Ma technique – d'abord un peu maladroite et incertaine – enchaîna les tangages, les butées et les accélérations incontrôlées.

Elle évolua, laissant place à une locomotion coordonnée et automatique, avec contrôle volontaire du changement de direction et augmentation et optimisation de la vitesse.

Quelques mois furent encore nécessaires pour parfaire mon jeu de jambes en mode successif et accéléré. Quand ma technique fut impeccable, je me mis à galoper et à courir partout.

Quand on regarde un enfant, on se rend compte qu'il est fait pour courir. Il court tout le temps, partout, aime se lancer des défis au coin de la rue où le premier arrivé a gagné. Un enfant est tout-terrain, à l'aise aussi bien sur l'herbe, que dans la terre, dans les cailloux et surtout dans les flaques. Par tous les temps, il veut aller dehors, courir, être libre, il n'a jamais froid. Avec n'importe quelles chaussures, baskets trouées, bottes en caoutchouc, mocassins vernis, peu importe le véhicule, pourvu qu'il ait l'ivresse de la vitesse.

Il joue à la poursuite, au loup, au ballon, il se mesure à lui-même et aux autres. Il apprend en se distrayant et se distrait en apprenant. Le jeu a une place particulière dans son développement. Les activités ludiques sont sources d'exploration du monde et lui permettent de s'approprier la culture, de comprendre les interactions sociales et de développer son autonomie. Les jeux sont prétextes à développer ses capacités et compétences, tout en expérimentant des systèmes de valeurs, de normes et de règles, en lien avec les rapports sociaux.

Les premiers jeux en groupe qui s'improvisent entre enfants, sont ceux qui ne nécessitent aucun équipement, matériel ou installation. Ce sont les jeux où les corps en mouvement, se déplacent avec beaucoup d'énergie et un peu d'anarchie, où l'on sent le vent caresser ses cheveux et glisser le long de ses mollets.

La course, prolongement de la marche, déplacement dans l'air, croise déjà l'enfance, le jeu et la réalité du monde social. Le processus de construction sociale, des identités et des destins est à l'œuvre.

Un questionnement émergera bien plus tard quand justement l'enfant aura passé l'âge de courir partout et tout le temps, avec n'importe quelle chaussure, campé sur ses membres inférieurs ; quand il sera fatigué d'une vie à courir après quelque chose qui n'existe pas, là où le regard ne porte plus très loin. Une vie d'adulte.

À Lyon, début des années quatre-vingt, dans mon école primaire, il y avait sur le vieux goudron craquelé de la cour de récréation, un jeu de marelle et un labyrinthe, peints à même le sol. La peinture blanche, éclatante au soleil, tranchait avec la couleur noire et terne du macadam. Dès que nous en avions l'occasion, nous jouions mes camarades et moi au labyrinthe. Nous tentions d'y pénétrer par groupes de deux, le premier essayait de progresser sans rester claquemuré, pour rejoindre le centre, puis, essayait de ressortir sans se faire rattraper par le suivant qui le pourchassait, tel le Minotaure dans la légende grecque.

Je voulais avoir le rôle du gentil, de l'innocent, du héros, je voulais être Thésée.

Je voulais pourchasser la laideur, la méchanceté et la bêtise. De nombreuses fois, je me suis disputée avec mes camarades de jeu, ne voulant pas échanger les rôles, rétive à la réciprocité. Être la créature mi-homme, mi-taureau, monstrueuse et sanguinaire, féroce et agressive ne m'intéressait pas.

Je prenais un plaisir incroyable à braver le danger, à essayer d'être la plus rapide, la plus intuitive. Celle que l'on ne rattrape pas.

Comme j'étais une redoutable adversaire, je faisais souvent équipe avec un garçon, ravi de me défier et tout excité à l'idée de s'attribuer la victoire. Rares étaient les filles qui avaient envie de se mesurer, la compétition semblait être moins dans leurs gènes. Elles abandonnaient très vite, usées par l'échec et par mon obstination à refuser la réciprocité des rôles.

Dès l'âge de dix ans, je me passionnai donc pour la mythologie grecque, lisant toutes les légendes et rêvant aux aventures vécues par les dieux, déesses, démiurges et nymphes, peuplant l'Olympe.

Toutes ces histoires de héros fabuleux ou d'héroïnes exceptionnelles, nourrirent mon imaginaire et me firent comprendre bien avant l'heure, l'intérêt de cultiver en soi, quelques vertus cardinales comme le courage, la justice et la prudence.

Grisés par l'ivresse des courses-poursuites, mes camarades et moi-même, ne sûmes pas à ce moment-là, que nous faisions plus que jouer au labyrinthe. Nous jouions le salut de notre âme.

C'est bien plus tard, une fois devenue adulte, que je perçus dans ces jeux enfantins la symbolique et la dimension initiatique de ces parcours semés d'embûches. On me montrait la possibilité d'égarement et la possibilité de retour. Pour cela il fallait combattre la bestialité et faire preuve d'intelligence et de courage.

Les méandres du labyrinthe n'étaient que les vicissitudes de la vie. Il y a des chemins tordus, des rectilignes, il y a des impasses – mais rien n'enfermera jamais celui qui saura revenir sur ses pas et ajuster sa trajectoire aux situations.

Tout était donc là, sous mes yeux, depuis le départ, depuis mes premiers pas...

Dans cette cour de récréation, il y avait un autre jeu que nous aimions pratiquer. C'était le jeu de la marelle. Par terre, on avait dessiné des espaces numérotés, des grandes cases, dans lesquelles, il fallait lancer un caillou et sauter à cloche-pied pour progresser, en évitant de marcher sur la case au caillou.

Le but était de partir de la première case, de l'espace Terre, pour se rendre à l'espace Ciel. Entre les deux, huit cases pour progresser, en posant un pied dans chaque espace, bien au milieu, sans toucher le tracé à la peinture blanche.

Lorsqu'on arrivait au sommet, dans les cases sept et huit, il fallait faire demi-tour et refaire de la même façon le parcours jusqu'à la case Terre. Le gagnant était celui qui arrivait le premier à terminer son parcours.

Il est étrange de constater que le dessin d'un jeu de marelle ressemble à un plan de cathédrale ou d'église. Le plan forme une croix, on ne peut rejoindre le chœur de l'église, qu'à condition de traverser successivement la nef principale, de suivre le chemin qui mène au transept nord et sud et de passer sous la croisée des transepts. On passe de la Terre au Ciel en cheminant cahin-caha sur huit cases qui semblent représenter notre chemin de vie. Le chemin spirituel serait-il tracé dans les cours de récréation ? Un plan pour le salut de notre âme serait-il à disposition et à la vue de tous ? Passer de la Terre au Ciel ne paraît donc pas si difficile.

La marelle existe dans de nombreux pays du monde et depuis la Rome antique, on en trouve de nombreuses représentations comme à l'époque du Moyen-Age, où le jeu était très prisé. Nous avons tous joué à la marelle, en virevoltant d'une case à l'autre, sans nous apercevoir qu'un destin posait des bases pour la suite. J'ai également beaucoup joué au jeu de l'oie, spirale de soixante-trois cases qui nous faisait vivre des vicissitudes, entre la case départ (la vie) et le ciel (la mort). Il était le jeu préféré de ma grand-mère maternelle, elle adorait se lancer dans des parties endiablées avec ses petits-enfants. Ai-je été formée ou informée d'un quelconque plan préliminaire de l'existence ?

Ai-je là encore, misé plus qu'une piste en carton d'un jeu de salon, joué plus que mon âme et mon destin à coups de dés et de sauts de pions colorés ?

Les matrices de ces jeux imprimées au sol, ou sur une vulgaire planche cartonnée, sont tatouées dans notre cœur et dans notre âme, depuis l'enfance.

Était-ce alors le début de l'apprentissage, de la formation du novice ?

Finalement, tout est révélé, rien n'est caché et ce, dès notre plus jeune âge. Nous avons peut-être la compréhension des choses et du monde à nos pieds, le destin à portée de main. Mais nous ne voyons rien et ne comprenons, que bien plus tard ou bien trop tard, à la faveur d'une fantaisie du destin.

Ces labyrinthes ou jeux de marelle, compagnons des enfants du monde entier et de toutes les époques, nous enseignent que ces entrelacs de chemins, de parcours énigmatiques, de murs infranchissables ne sont pas que des obstacles physiques. Ils revêtent une autre dimension, un niveau spirituel.

Une fois adulte, l'enfant qui aimait se mesurer physiquement aux murs, comprendra que les plus grands labyrinthes sont spirituels. Il saura alors, qu'il s'est déjà retrouvé devant de telles allégories de l'existence.

Après chaque épreuve, après chaque bifurcation, il devra réévaluer les questions, les zones inhabitables, les structures d'enfermement.

Il comprendra qu'il faut emmener son esprit et sa volonté dans les marges où la pensée et les sens font l'expérience du trouble et la réalisation de l'impensable.

Le labyrinthe vient interroger et inquiéter notre expérience et notre perception du réel. Nous qui pensons que la vérité est dans l'observation simple, nous pensons souvent que ce que nous percevons peut être désigné comme étant la réalité.

Mais, nous ne cessons jamais de construire et d'élaborer nos éléments de fiction. D'une réalité brute, surgit toujours une vérité personnelle, passée par nos différents filtres affectifs et émotionnels.

Le labyrinthe nous présente un monde instable, multidimensionnel, plein d'illusions d'optiques, de changements d'échelle.

Notre monde est une réalité à tiroirs, où les chausse-trappes nous guettent, à la faveur de mauvais emboîtements et d'enchâssements incertains. On passe vite d'une illusion de réalité à une virtualité certaine.

Les labyrinthes de la pensée s'incarnent dans nos tergiversations modernes, nos problèmes quotidiens, lorsque des idées se chevauchent, que des pensées nous parasitent et que l'on perd son fil. On n'a pas toujours la chance d'avoir la belle Ariane à ses côtés, qui déroule sa pelote et nous tend un fil. Combien de fois dans votre vie, vous êtes-vous dit que vous tourniez autour du pot, sans jamais arriver, que vous avez frôlé un but précis, presque failli mais que surtout vous avez défailli, que vous vous êtes perdus et que vous avez peur ?

Jusqu'à mes douze ans, je parcourus des kilomètres à user les semelles de mes chaussures, par tous les temps et sur tous les terrains de jeu. Je réinventai chaque jour la marche, je l'égayai, la rendant toujours plus inventive, toujours plus disruptive.

Ainsi, marcher ne me suffit pas, il fallut trouver un rythme tapageur, des notes entêtantes, un riff décapant de guitare électrique.

Je partis dans tous les sens, jamais fatiguée, jamais mal aux pieds. Courir, bondir, sauter et grimper partout, était la seule façon de me mouvoir et l'unique façon de concevoir mes déplacements.

L'enfance fut pour moi une période où tous mes ressentis s'incarnèrent dans une matière faite d'enchantement et d'émerveillement. Ma façon d'être au monde, ma perception du réel ne s'enfantait que par les forces de mon imaginaire, qui étaient à l'œuvre alors.

Tout n'était que bonheur, contentement à être, à bouger et à respirer l'air du dehors. Mes vagabondages imaginaires s'incarnèrent dans mes soubresauts et mes exultations physiques qui firent de moi un être remuant et bondissant.

Je vouai une passion particulière à mes baskets. J'en possédai beaucoup, de toutes sortes, de toutes les couleurs. Elles furent mes porte-bonheurs, mes compagnes d'aventures. Avec elles, j'eus l'impression de courir vite, très vite même. Elles me protégèrent des faux-pas, des croche-pattes et même des démarches inopportunes et des erreurs de discernement. Toute locomotion, tout mouvement étaient alors instinctifs, un déplacement quasi animal.

Le mouvement ne se pense pas, il se vit. Il est la nature même, il est dans l'ordre des choses et dans l'abstraction. Il nous saisit le corps et l'esprit, mais il nous échappe.

Brut, il est inexplicable, incompréhensible, sans limite. Le mouvement d'un enfant est de cet ordre-là, une puissance brute qui ne réfléchit pas, qui commence à sentir et à ressentir la marche du monde et des évènements, mais ne les comprend pas.

Avec mes baskets aux pieds, j'étais à l'écoute du chant du monde, connectée à la terre, en liaison permanente avec le sol.

J'étais à l'écoute de tout ce qui se passait, je vivais fort et je ressentais longtemps en moi, les vibrations de la terre.

Avec elles, je sentais, je jaugeais, j'anticipais les reliefs sans même m'en rendre compte. Les terrains, même les plus escarpés me paraissaient plate-bande et morne plaine. Il m'en fallait toujours plus pour tester leur résistance et m'aventurer toujours plus loin dans les escalades et acrobaties fantaisistes.

Je voulus parfois dormir avec, quand elles étaient neuves, qu'elles sentaient encore le cuir, le caoutchouc ou la gomme non encore abrasée. Cette odeur chimique, pleine de dérivés de pétrole, de teintures toxiques et de substances nocives me ravissait. Je lui prêtais un très grand pouvoir, un pouvoir surnaturel. J'étais un peu une sorcière qui prépare ses potions, pleine de satisfaction à humer les vapeurs au-dessus de son grand chaudron, un chaman qui agite ses décoctions en contemplant les volutes de ses préparations s'échapper de sa hutte.

Cela releva parfois du caprice. Des chaussures dans un lit ... ma mère se demanda bien ce qu'il y avait de si agréable à dormir avec un objet qui entravait tant la liberté de bouger.

Les années collège et les années lycée ne m'ont laissé aucun souvenir impérissable. Des heures et des heures à être assise sur une chaise en bois, peu confortable et à écouter des professeurs qui ne concevaient la transmission de la connaissance qu'à la condition d'obtenir l'obéissance. Une obéissance aveugle, une passivité totale des membres inférieurs et une absence de commentaires et d'expressions de la sphère oto-rhino-laryngée. Je commençai à comprendre à cette époque-là, que tout est mouvement, que même la pensée est mouvement. Les expressions faciales, des yeux, du nez ou de la bouche exprimant la désapprobation, l'agacement ou même l'étonnement reflétaient mes pensées. Oser les exprimer en public, dans la salle de classe, fut extrêmement mal vu, signe de dispersion, d'élève pénible, indisciplinée et déconcentrée. C'était le plus sûr moyen de se faire remarquer et d'être inscrite sur la liste tacite des élèves qui ne méritent pas de bonnes notes et d'encourageantes appréciations. Je me suis souvent rendu compte que les gesticulations réelles ou supposées des élèves en classe, influençaient leurs notes et leurs moyennes sur leurs bulletins trimestriels, indépendamment de leur réussite ou de leur échec aux examens. En effet, l'idée que le professeur se fait de l'élève, en le voyant évoluer pendant ses cours magistraux, influence son jugement ultérieur et sa notation, quant au rendu et au contrôle des connaissances. Il est donc très facile de perdre ou de gagner quelques points, selon que l'on soit un peu trop vivant, un peu trop participatif et décidément trop curieux ou que l'on adopte la posture de la carpe, du musée Grévin ou du chien Zigzag à l'arrière des voitures, hochant la tête pour acquiescer sans fin, à une question qui n'a même pas été encore posée.

Moi, je n'étais pas docile et je n'aimais pas apprendre sans poser de questions. Interroger le professeur, chercher les limites à son argumentation, deviner ce qui n'avait pas encore été énoncé, était ma façon d'apprendre pour comprendre.

Je voulais être actrice de mes apprentissages, du processus pédagogique, je voulais un face-à-face stimulant et motivant, je souhaitais un mouvement qui m'embarque, qui m'emmène là où je n'aurais pas pensé pouvoir aller. Je voulais un mouvement collaboratif, intégratif.

Avec l'esprit, avec la pensée, je voulais passer d'une idée à une autre, rebondir sur une question, revenir en arrière pour demander, sauter les déroulés ennuyeux et rébarbatifs qui n'apportaient rien.

À l'adolescence, les intempestifs et bruyants déplacements de l'enfant sont remplacés par les questionnements incessants, remises en cause bruyantes qui interrogent le monde, tentent de le comprendre malgré son évidente incohérence. L'adolescent essaye de se faire une place, lui qui n'est plus un enfant et pas encore un adulte.

Fin de non-recevoir, la pensée doit être univoque, manichéenne. Les pieds et les jambes, bien rangés sous la table et la chaise de la classe, si possible avec le dos bien droit. Nous avions la chance d'être dans un pays riche, avec une école républicaine, il fallait être fier et mettre du cœur à l'ouvrage.

Au lieu de cela, l'école m'a appris à être « celle qui ignore », en face de « celui qui sait ». Il y a un dominant et il y a surtout un dominé, aucune altérité possible. On nous apprend à être inférieur, à rester à sa place, à ne pas faire de bruit, à se contenter de ce que l'on a, sans jamais chercher à dépasser le professeur, à se dépasser et à croire en soi, au-delà des frontières.

Cette petite musique de la discipline, de la non-contestation et de l'obéissance, distilla ses notes, instilla le doute et conditionna déjà la confiance en soi, pour chacun d'entre nous. La pensée dissidente fut bloquée, tuée dans l'œuf. La passivité fut de mise, l'acceptation des futures normes et des standards de pensées, acceptables en société, étaient en place – les corps et les esprits n'avaient qu'à bien se tenir. L'enseignement républicain devint alors pour moi, religion civile.

Gare à ceux qui contesteront le dogme.

Je sentis chaque jour de chaque année scolaire, infuser en moi ce virus de la pensée unique, ce poison mortifère de la passivité.

Les savoirs devaient s'enseigner de façon rationnelle, c'est-à-dire avec une articulation raisonnante entre le maître et l'élève. Plus il est question de raison et plus on s'éloigne du cœur ...

Il n'y avait pas de place pour la sensibilité, l'empathie, la complaisance. Il n'y avait pas de communication, pas de partage, pas d'espaces de liberté.

L'école ne connaissait que la neutralité axiologique, l'approche formaliste était prépondérante. Je cherchais désespérément du sens à tout cela mais je n'en trouvais pas.

Je fus loin d'éprouver une quelconque admiration ou fascination pour mes professeurs. Je n'eus que des modèles de résignation devant les yeux. Eux aussi pourtant, quelques années auparavant, ils avaient été des élèves, à ma place.

Certains s'étaient peut-être fait les mêmes réflexions que moi, mais aujourd'hui, ils avaient rendu les armes, ils avaient abdiqué. Ils s'étaient perdus, fondus dans la masse des résignés, écrasés par le carcan social de la pensée unique.

Un jour, mon professeur de mathématiques de troisième, Monsieur Borne, me démontra par ses réflexions, toute la distance et l'ironie qui pouvaient sévir en classe, lorsqu'un émetteur et un récepteur ne se comprenaient pas. Il y avait de la friture sur la ligne, un bon coup de larsen dans le micro.

Monsieur Borne était un homme ordinaire, passe-partout, passe-muraille. Il n'était pas très grand, pas très corpulent, pas très sympathique. Il n'était pas grand-chose.

Il avait une petite quarantaine d'années mais il s'habillait comme mon grand-père, chemise à carreaux sombre, pantalon de velours gris ou marron, selon l'humeur.

Les cours de mathématiques, avec lui, furent assommants. Il ne parvint pas à nous séduire, ni dans la forme, ni dans le fond. Il n'avait pas la bonne approche, il faisait une leçon très courte et nous bombardait d'exercices alambiqués, nous disant que nous comprendrions la leçon après avoir fait les exercices.

Je ne comprenais pas comment on pouvait faire des exercices, sans avoir compris auparavant la leçon et en se frottant au démarrage à des cas particuliers. Il s'agissait de comprendre l'exception, sans avoir compris la règle initiale.

Cette logique était pour moi, complètement fantasque et totalement soporifique. Ce professeur ne supportait pas le bruit des trousses, les glissières des sacs à dos et les corps qui remuent et se réajustent sur les chaises. En fait, il ne supportait rien.

Le mercredi, nous avions deux heures de cours à la suite, une torture.

Un mercredi, justement, alors que je faisais des efforts surhumains pour écouter et m'intéresser, je me mis à agiter une jambe, délicatement, sous ma chaise, en essayant de ne pas faire trop de bruit. J'avais des fourmis dans la jambe droite et elles commençaient même à descendre jusqu'aux pieds.

Au bout de quelques minutes, il me fixa et s'arrêta d'écrire au tableau :

— Bon ça y est, Mademoiselle a bien secoué sa jambe et ses pieds !
— Mais j'écoute Monsieur !
— Ah bon ! Vous écoutez avec vos pieds, vous ?

Je n'osai pas répondre. Mes camarades de classe étaient en train de rire. À cet instant, je devins l'attraction du cours de mathématiques, la parenthèse salutaire, l'échappée comique.

À cet instant, j'aurais voulu fuir cette farce, courir à perdre haleine, partir très loin de cette bêtise crasse.

Ce souvenir de classe de troisième resta gravé dans ma mémoire. Je n'oublierai jamais Monsieur Borne et ses idées courtes.

J'ai un souvenir extraordinaire et éblouissant de ma professeure de français, en classe de seconde. Madame Perceval était une femme d'une cinquantaine d'années, petite et frêle, au dynamisme contagieux. Elle connaissait très bien ses élèves, comprenait instinctivement les adolescents, elle avait dû laisser son cœur en enfance et son esprit avait l'expérience et la sagesse des âmes pures et des saints bienheureux.

Elle vivait sa profession comme un sacerdoce, nous transmettait ses connaissances comme un acte de foi du croyant, persuadée qu'elle était, de faire éclore nos multiples possibilités enfouies sous notre passivité. Elle croyait en nous, en notre inventivité, en nos trésors et en notre fougue de vouloir changer le monde, pâtes à modeler que nous étions tous, sans distinction.

Les heures de cours, vécues à ses côtés, furent d'une telle intensité, d'une telle lumière, que les plus ardus classiques de la littérature française semblèrent être des livres de contes, dont on fait lecture aux enfants pour les calmer avant de s'endormir.

Bien loin de sombrer dans les bras de Morphée, je fus la plus assidue et la plus passionnée de tous les élèves de la classe. Je voulais être la meilleure, la première, je voulais qu'elle soit fière de moi. Cette année de seconde fut une révélation sur mes compétences littéraires et sur mon intelligence verbale. Elle crut en moi, m'encouragea et trouva que j'avais de belles capacités, qui ne demandaient qu'à se développer. Je posai mille questions, participai à tous les cours et il était hors de question que je rate une heure de sa grandiose prestation. Même malade, je me traînais à ses cours de français et retrouvais l'espace de soixante minutes, une forme olympique, qui faisait douter mes camarades de la véracité et de la gravité de mes attaques microbiennes.

Je n'avais jamais rencontré durant mes années collège, une telle passion de l'enseignement, un tel charisme sur une silhouette fragile. Tout en elle respirait l'intelligence, la patience et la bonté. Même les plus rétifs à la littérature, les plus agités et les moins scolaires écoutèrent patiemment et se surprirent à écouter religieusement. Tout le monde comprit enfin à quoi pouvait bien servir la poésie, la prose et l'expression écrite.

La vie des écrivains – poètes et dramaturges de toutes sortes – nous fut contée plutôt que racontée et enseignée à coups de par cœur et de punitions collectives.

Nous voulions tous être des poètes, écrivains, sorciers des mots. Nous trouvions que leur vie était fascinante, étonnante, nous commencions à découvrir avec cette femme, que les vies à la marge, les vies qui suivent les chemins de traverse sont exaltantes et que la liberté et le bonheur de vivre pour soi, en cultivant ses passions, est au bout du chemin.

Loin des dogmes qui nous coupent de nous-même et des esprits chagrins qui ont renoncé avant d'avoir commencé, madame Perceval nous encourageait à emprunter les chemins de traverse. L'année de mes seize ans fut une révélation pour tout mon être, je compris que les routes secondaires ne se terminent pas en impasse. Il faut oser s'y embarquer, parfois rouler à tombeau ouvert, ne pas avoir peur des nids de poule et des virages serrés.

La seule chose qui compte c'est de se trouver au bout du chemin, la liberté et la joie d'être soi, comme seule banderole sur la ligne d'arrivée.

Moi qui avais vécu jusque-là l'apprentissage des poèmes comme une torture cérébrale, inutile et semblable aux vocalisations du perroquet auquel on apprend quelques mots pour amuser la galerie, je découvris dans la poésie, enseignée par madame Perceval, un lyrisme et une lucidité insoupçonnés.

Madame Perceval était pétrie de poésie, son attitude, son écoute en trahissait toutes les caractéristiques. Elle savait laisser parler ses émotions, avait une telle lucidité sur les êtres, sur la vie, elle était pour moi, une si belle figure d'humanité. Elle savait ouvrir des horizons communs, malgré nos différences d'âge, de vécus, elle considérait les élèves comme des alter ego. Sa douceur et la musicalité de sa voix suffisaient à obtenir le silence, en une minute, sans besoin de forcer le trait ou de pousser les décibels.

Son humilité était à la hauteur de sa patience et de sa volonté de faire de nous de futurs adultes armés contre le cynisme, et l'égoïsme de notre monde. Des êtres, à la confiance en eux indestructible, qui croient à la force de la résilience et au pouvoir de l'intention, capables de rebondir en toute circonstance, de sauter toujours plus loin.

Il y a gravé dans mon esprit, un cours que nous avions fait sur Arthur Rimbaud, et plus particulièrement, un commentaire composé sur un de ses poèmes, *Jeunesse*, extrait des *Illuminations*, recueil emblématique du poète.

Jeunesse est composé de quatre textes, quatre mouvements où l'auteur dépeint sur divers rythmes, ses sentiments qui mêlent l'allégresse de se mettre au travail, de composer de nouveaux poèmes, la joie d'écrire et l'ennui du dimanche. La sensation que le temps ne passe pas assez vite, que ses vingt ans tardent à arriver et que cela le désespère. Il conclut sur une note optimiste, sur la grandeur qu'il imagine donner à son travail, à sa carrière, en analysant son attitude passée et sur la lutte sans cesse réitérée de son être, entre l'action et la passivité.

Madame Perceval avait su me toucher en plein cœur avec l'étude de cette œuvre. J'avais été désignée d'office pour en faire la lecture à mes camarades, quand nous la découvrions pour la première fois.

I

Dimanche

Les calculs de côté, l'inévitable descente du ciel et la visite des souvenirs et la séance des rythmes occupent la demeure, la tête et le monde de l'esprit.

-Un cheval détale sur le turf suburbain, et le long des cultures et des boisements, percé par la peste carbonique. Une misérable femme de drame, quelque part dans le monde, soupire après des abandons improbables.

Les desperadoes languissent après l'orage, l'ivresse et les blessures. De petits enfants étouffent des malédictions le long des rivières. -

Reprenons l'étude au bruit de l'œuvre dévorante qui se rassemble et remonte dans les masses.

II

Sonnet

Homme de constitution ordinaire, la chair

n'était-elle pas un fruit pendu dans le verger ; - ô

journées enfantes ! - le corps un trésor à prodiguer ; - ô

aimer, le péril ou la force de Psyché ? La terre

avait des versants fertiles en princes et en artistes

et la descendance et la race vous poussaient aux

crimes et aux deuils : le monde votre fortune et votre

péril. Mais à présent, ce labeur comblé, - toi, tes calculs,

*

- toi, tes impatiences - ne sont plus que votre danse et

votre voix, non fixées et point forcées, quoique d'un double

événement d'invention et de succès une saison,

*

- en l'humanité fraternelle et discrète par l'univers,

sans images ; - la force et le droit réfléchissent la danse

et la voix à présent seulement appréciées.

III

Vingt ans

Les voix instructives exilées... L'ingénuité physique amèrement rassise... - Adagio - Ah! l'égoïsme infini de l'adolescence, l'optimisme studieux : que le monde était plein de fleurs cet été ! Les airs et les formes mourant... Un chœur, pour calmer l'impuissance et l'absence ! Un chœur de verres, de mélodies nocturnes... En effet les nerfs vont vite chasser.

IV

Tu en es encore à la tentation d'Antoine. L'ébat du zèle écourté, les tics d'orgueil puéril, l'affaissement et l'effroi.

Mais tu te mettras à ce travail : toutes les possibilités harmoniques et architecturales s'émouvront autour de ton siège.

Des êtres parfaits, imprévus, s'offriront à tes expériences. Dans tes environs affluera rêveusement la curiosité d'anciennes foules et de luxes oisifs.

Ta mémoire et tes sens ne seront que la nourriture de ton impulsion créatrice. Quant au monde, quand tu sortiras, que sera-t-il devenu ? En tout cas, rien des apparences actuelles.

Rimbaud a écrit ses poèmes entre seize et vingt et un an. Il paraissait si proche de nous et si éloigné. Son parcours fut fulgurant, son destin exceptionnel. Rimbaud était un adolescent qui s'ennuyait dans le quotidien, qui voulait faire mille choses, créer, s'adonner tout entier à son art. Il voulait être reconnu, laisser sa trace et s'asseoir bien haut, sur un trône pour contempler la dimension de son œuvre.

Il se complaisait dans la langueur mais ne pouvait concevoir l'ennui des jours ordinaires, pensait la grandeur, le clinquant et le grand apparat. À travers ses œuvres, il a toujours voulu affirmer son identité, dire qui il était. Il a rejeté l'ordre établi, la morale imposée et les diktats de son époque. Il était un être libre, fougueux, impétueux qui dénonçait la passivité humaine, son incapacité à se réinventer parfois. Il rêvait d'un monde meilleur, espérait en l'homme malgré tout.

Quand il a écrit ce poème, il avait presque vingt ans, il n'en pouvait plus d'attendre cet âge fatidique, ce premier seuil canonique. Cet âge de tous les possibles était peut-être pour lui un âge impossible. Si jeune et si conscient déjà d'avoir une vie dans le rétroviseur et plus très sûr d'en avoir encore une devant.

L'étude de ce poème dura plusieurs semaines et je n'en revins pas de toucher une vérité qui résonna si fort en moi. Dans ce poème, il y avait tout.

Tout pour comprendre l'existence, mon état adolescent, la nécessaire rébellion et le contre-courant dont il faudrait faire preuve à chaque instant de ma vie, à chaque mouvement de ma vie, pour ne pas me laisser happer par la médiocrité.

Comme Rimbaud, j'étais sensible à des thèmes comme la fraternité, l'harmonie, le bouleversement de la société. La fin tragique de sa courte vie, termina d'exalter en moi la notion de héros romantique, de rébellion et de puissance du destin.

J'étais fascinée de tant d'éclats, de tant de lucidités venant d'un adolescent, à peine plus âgé que moi, qui s'ennuyait, lui aussi le dimanche. Je me mis moi aussi à désespérer de ne pas encore pouvoir fêter mes vingt ans. J'allais devoir encore attendre quatre ans. Une éternité. Quatre années entre ennui et vagabondage.

Madame Perceval avait réussi quelque chose d'extraordinaire, tenir en haleine des adolescents sur un poème de Rimbaud. Il y avait là pour moi, un vrai acte fondateur. Plus rien ne serait jamais comme avant. Les cours de français devinrent jusqu'en terminale, une nécessaire nourriture spirituelle et tant pis si parfois, les autres professeurs ne furent pas à la hauteur de Madame Perceval.

Nous étions si passionnés qu'après la fin de l'étude de *Jeunesse*, Madame Perceval décida de nous faire travailler sur des textes d'auteurs dont les héros ont vingt ans.

Avoir vingt ans devint mon objectif, ma volonté primordiale. Âge mythique, à la sortie de l'adolescence, où l'on a encore le goût de l'enfance et pas encore la saveur du fiel des renoncements, des regrets et des abandons de l'âge adulte.

Les héros de la littérature ont rarement vingt ans précisément, ils ont en réalité seize ans, dix-huit ans, vingt-cinq ans. Cécile dans *Bonjour Tristesse* a dix-sept ans, Frédéric Moreau a dix-huit ans au moment de son *Éducation sentimentale*. Félix-Amédée de Vandenesse a vingt ans passés lorsque Balzac lui fait rencontrer Madame de Mortsauf et Lucien de Rubempré a vingt et un ans quand il rencontre Madame de Bargeton dans *La Comédie humaine*.

Ces deux dizaines mathématiques, ce cap idéal ne correspond à rien en réalité et cette dernière est très variable d'une personne à l'autre.

Vingt ans comme une construction sociale, un mythe de liberté et de processus identitaire.

Vingt ans comme une incarnation de la jeunesse, un âge de papier. Les héros, les génies, les prodiges doivent avoir vingt ans. Françoise Sagan, Arthur Rimbaud devinrent mes monstres sacrés.

Mes notes de français furent ascensionnelles, je ne laissai personne être la première de cordée, à ma place. J'avais trouvé une voie, je m'y engouffrai tête la première et cœur au bord des lèvres, le stylo à la main, bien accrochée à mes feuilles de papier.

Je lus tout ce qui me tomba sous la main, je passai de livre en livre, mes lectures furent hétéroclites et vagabondes.

En terminale, je découvris la philosophie, qui eut l'effet d'une bombe existentielle, une bombe à fragmentation, une de celles qui explose avant d'avoir touché sa cible et qui se répand en milliers de petits éclats laissant quantité de stigmates dans le cœur et l'esprit.

Après la littérature qui servait à dire le beau, à plaire et à distraire, je découvris la philosophie en charge de dire le vrai, dans son nu le plus blême. Mes questions existentielles, mes interrogations sur la morale, l'éthique, l'altérité, la justice ou la finitude humaine trouvèrent un écho inespéré. Toutes ces choses auxquelles je pensais depuis bien longtemps et auxquelles je n'avais pas accès – si ce n'est en dialoguant avec moi-même et en cherchant des réponses instinctivement – m'apparurent dans toute l'évidence de leur complexité.

Un philosophe se détacha de la masse opaque des penseurs. Pour moi, il était le Philosophe, le pur, le Messie. Mon professeur de philosophie nous présenta Nietzsche, au détour d'une étude sur la gigantesque œuvre que constitue *Ainsi parlait Zarathoustra*.

Parler de philosophie avec de la poésie et des aphorismes, plutôt qu'avec des argumentations dogmatiques me ravissait. Nietzsche était pour moi un dieu, qui aimait philosopher « en artiste ».

Mêler la littérature et la philosophie, penser que toute vérité est d'abord illusion fut le point de départ de la quête spirituelle qui s'ouvrit devant moi. Ma vie entière se chargerait à chaque instant de me le démontrer, les affres de l'existence s'emploieraient à me le faire bien comprendre.

Dans les autres matières, l'ennui et la passivité furent mes compagnons quotidiens. En première, je renonçai définitivement à tenter de me rebeller, à coups de membres inférieurs ou d'expressions faciales trop évidentes. Lassée que je fus de me battre contre des moulins à vent et usée d'être incomprise et mésestimée par des adultes obtus et tellement résignés eux-mêmes. Je décidai de supporter tout cela car j'avais finalement trouvé quelque chose d'inestimable, quelque chose à la valeur inaltérable. J'avais découvert un trésor enfoui. Je m'étais trouvée moi et autant qu'on peut commencer à le faire, à cet âge ingrat.

Le conformisme et l'uniformisation des pensées m'accompagnèrent jusqu'en terminale, passer mon baccalauréat et l'obtenir fut une délivrance indescriptible.

Ce mode de fonctionnement – vécu lorsque j'étais collégienne puis lycéenne – prit fin, à l'aune du passage de ce sésame pour les études supérieures. Il allait m'apparaître des années après, sous une autre forme, encore plus vicieuse et plus dictatoriale, mâtinée de fausses compréhensions, de bonnes intentions téléguidées et d'affectivité viciée. Il allait m'apparaître dans le monde du travail et sous les traits des managers et des collègues de bureau.

Je n'allais pas m'en sortir à si bon compte, le chemin serait encore très long.

Mais pour l'heure, mes fameux vingt ans étaient donc réellement en ligne de mire.

Pour passer le temps et attendre encore un peu pour toucher au Graal de la jeunesse, je décidai de m'inscrire au permis de conduire. Acquérir une vraie liberté physique de mouvement devint mon prochain objectif que je fus capable d'atteindre facilement et dans un temps acceptable. Mes prochains vagabondages seraient véhiculés, à moteur et créeraient exaltation et contentement, découverte et liberté, comme le furent mes superbes baskets en leur temps.

Plus que mes vingt ans, ce fut mes dix-huit qui furent éblouissants.

Je me rendis au début de l'été, dans une auto-école, dont j'avais repéré la devanture en passant devant chaque jour, pour mes allers-retours vers le lycée.

Il y avait sur la vitrine un autocollant, représentant un panneau stop du code de la route. Un gros panneau rouge écrit en blanc, qui sonnait pour moi comme une invitation à rentrer. Un stop pour s'arrêter devant, pour oser passer la porte et ne pas continuer sa route, sans demander des informations.

La dernière semaine avant les vacances estivales, je décidai enfin de pousser la porte de l'auto-école pour obtenir les cruciales informations qui me manquaient tant. Une charmante secrétaire me remit un devis pour les cours, les fiches d'inscription au code et à l'examen de conduite, en incluant un gros livre à apprendre par cœur « L'examen du code de la route » estampillé au logo de mon auto-école.

Je n'avais plus qu'à montrer tout ça à mes parents et à obtenir leur accord pour la signature du devis et du futur gros chèque qui serait à faire.

J'étais très confiante car ils m'avaient proposé de me récompenser pour l'obtention de mon baccalauréat.

Mes parents se laissèrent convaincre très facilement, payèrent les vingt heures obligatoires pour passer le sésame et les cours de code. On verrait ensuite pour compléter la formation en ajoutant des heures au coup par coup, suivant mon habileté à la conduite.

J'étais très impatiente de commencer les cours de code, je lus et relus le livre donné par la secrétaire, il devint ma bible, je faisais tout et n'importe quoi avec, me laver les dents, descendre à la poubelle, passer l'aspirateur. Il fallait que je fasse un sans-faute, c'était vital, il fallait que je sois parfaite.

J'obtins mon code du premier coup avec une seule faute. Je pus ensuite démarrer la conduite. Mon moniteur était un homme insignifiant d'une trentaine d'années, déjà blasé de voir défiler de jeunes candidats pas très sûrs d'eux et de devoir rattraper les bêtises de débutants.

Il n'était pas très prolixe, je pensais donc que les vingt heures d'apprentissage minimum, allaient être dures à supporter. Il ne savait dire que « point de patinage », « attention, point de patinage ! », « vous prendrez à droite à la prochaine intersection », « vous prendrez à gauche au feu ». Pas très doué pour la conversation le garçon !

Jamais de discussion autre, pas de digressions possibles. Aucune expression des émotions, j'appris à conduire avec un robot.

Finalement, ce mode de communication est petit à petit devenu plaisant. Je n'avais pas à meubler pour ne rien dire, à me forcer de parler à quelqu'un avec qui je ne partageais rien, à part l'habitacle d'une voiture, deux fois par semaine.

Je devins moi aussi experte en expression courte et répétitive, ne répondant que par des mots d'une ou deux syllabes :

— Très bien.
— D'accord.
— Oui.

Je me risquais même parfois à faire une phrase et à exprimer une émotion.

— Oui, d'accord, très bien !

La seule chose qui m'intéressa était qu'il m'apprenne le plus rapidement possible, le maniement du volant, du levier de vitesse et que je puisse travailler au mieux, mon jeu de jambes sur les pédales.

J'étais très concentrée lors des cours de conduite, je ne voulais pas en rater une miette. J'avais besoin de tout savoir, pour pouvoir bientôt m'élancer seule, afin de reconquérir ma liberté de mouvement et de conquérir une nouvelle locomotion, qui serait le nouveau théâtre de mes vagabondages.

À la fin des vingt heures de conduite, je ne me trouvais pas encore suffisamment à l'aise pour m'inscrire directement à l'examen. Mon moniteur partagea aussi mon analyse et se fendit d'une phrase complexe en donnant le ton :

— Je pense que vous ne maîtrisez pas assez le point de patinage, votre conduite n'est pas assez souple. De plus, vous n'anticipez pas assez, on ne vous fera pas de cadeau !

En écoutant ses paroles, j'étais en train de comprendre autre chose que ce qu'il était en train de me dire. Je décodai un message subliminal. Il n'y avait de toute évidence qu'un seul niveau de compréhension possible, mais pas pour moi. Je me répétai la phrase du moniteur dans ma tête :

— Vous n'anticipez pas assez, on ne vous fera pas de cadeau !

Je venais de prendre conscience que le seul moment où je n'anticipais pas assez dans ma vie était lorsque je conduisais. Moi qui depuis le lycée, avais lu beaucoup de choses, découvert de nombreuses vies que je n'avais pas vécues à travers la littérature et élaboré des tas de questions métaphysiques avant d'avoir l'âge d'être concernée, c'était le comble. C'était le comble mais c'était vrai.

Cette idée me secoua longtemps, sans trop que je sache encore pourquoi.

Je repris cinq cours de conduite avant de me décider à me présenter à l'examen.

Mes parents acceptèrent de financer le supplément, voulant trop que je réussisse.

J'obtins mon permis du premier coup, l'examinateur n'avait absolument rien à me reprocher.

Je fus tellement heureuse, j'avais conquis ma liberté, j'allais pouvoir aller et venir, par monts et par vaux, au volant de ma voiture.

Je n'eus pas tout de suite de voiture personnelle. Je dus emprunter celle de ma mère, quand elle ne l'utilisait pas.

Ma liberté d'aller et venir en prit un coup, mais je n'avais pas le choix. C'est vrai qu'avec des baskets je n'avais pas ce problème, pas besoin d'attendre que quelqu'un me prête sa paire pour pouvoir sortir et marcher.

En baskets, on ne va pas aussi loin qu'en voiture, il fallait donc mériter son bonheur et sa liberté, mon principal mérite était donc la patience.

Quand ma mère me laissa sa voiture, je partis sur les routes de campagne, admirer les champs, les arbres et les fleurs. J'avais des désirs bucoliques. Des désirs de solitude, des souhaits d'anonymat, des rêves d'explorateur et de pèlerin.

Un dimanche de début d'automne, je me rendis dans la campagne beaujolaise chez ma meilleure amie, Mélanie. Elle m'avait invitée à déjeuner. J'étais vraiment heureuse d'aller passer du temps avec elle, je me réjouissais à l'idée de passer une excellente journée. Nous allions nous remémorer notre année de terminale et nous moquer joyeusement de nos anciens professeurs.

J'empruntai la voiture de ma mère pour la journée, elle ne trouva rien à redire et me souhaita de passer un bon moment. Elle ne put s'empêcher de me dire d'être prudente, de ne pas rouler trop vite car ces petites routes qui serpentaient à travers les vignes, étaient extrêmement traîtres, à la tombée du jour.

Je ne pus m'empêcher, à mon tour, de répondre, comme une adolescente blasée :

— Mais, t'inquiète, je te rappelle que j'ai eu mon permis du premier coup !

Quelle prétention, quand j'y repense. Quelle assurance mal placée.

J'arrivai chez mon amie aux alentours de midi. Ses parents, son frère et sa sœur étaient là eux aussi. Nous déjeunâmes tous ensemble, dans une ambiance joyeuse et décontractée.

Après le repas, nous partîmes, Mélanie et moi, nous promener dans les vignes et nous raconter nos vies du moment.

Nous étions toutes les deux inscrites en faculté de droit à Lyon. Il n'y avait plus qu'une semaine à attendre, avant la rentrée universitaire. Nous avions hâte de nous jeter dans le grand bain, d'être enfin assimilées à des adultes autonomes et responsables.

L'après-midi se déroula harmonieusement et passa si vite, que je fus étonnée de constater d'un coup, que la lumière baissait. Je regardai ma montre et compris qu'il était temps de rentrer, il était sept heures passées.

Mélanie me proposa de rester manger un petit bout avec eux mais je déclinai la proposition car j'avais promis à ma mère de rentrer avant la nuit.

J'embrassai rapidement tout le monde, remerciai chaleureusement les parents de Mélanie pour leur accueil et pris congé.

Je grimpai dans la voiture et m'enfonçai dans la pénombre, il faisait déjà presque nuit.

Je mis la radio pour me tenir compagnie. Je réglai le volume faiblement pour ne pas me parasiter. J'étais très concentrée car la visibilité était très limitée, seuls mes phares éclairaient la chaussée. Les chemins de la campagne beaujolaise étaient plongés dans le noir, aucun éclairage public n'avait encore été installé à cette époque. Une petite pluie fine et dense commençait à tomber et rendait le sol un peu glissant par endroits. J'avais quinze kilomètres à parcourir dont douze sur ces chemins sinueux.

Je me dis qu'en vingt minutes ou peut-être vingt-cinq, je serais chez moi, tranquille et au sec.

Au détour d'un virage un peu serré, mon sang ne fit qu'un tour. En plein milieu de cette épingle à cheveux, un homme se trouvait là, debout, planté devant ma voiture.

Tout est allé très vite, il était si près de moi que je vis son visage en pleine lumière, dans les phares de ma voiture. Nos regards se croisèrent quelques secondes, je dus avoir l'air affolé mais lui me fixa avec intensité, sans aucune parcelle de peur dans les yeux.

Il avait un grand ciré noir et un bâton dans la main, sur lequel il était appuyé pour marcher. Son visage était caché sous une grande capuche, je voyais ses cheveux, qui semblaient plutôt longs pour un homme, dépasser de son couvre-chef.

Je donnai un grand coup de volant et pilai d'un coup pour l'éviter et la voiture continua légèrement à déraper sur le bas-côté. Elle se stoppa tout net sur les graviers, à la limite des ceps de vignes.

Je ne savais plus quoi faire, plus quoi penser, tout se bousculait dans ma tête. J'étais un peu sonnée, j'avais eu peur. Peur de tuer quelqu'un, peur d'abîmer la voiture de ma mère.

Je retrouvai peu à peu mes esprits et me rendis compte que la radio était éteinte. Pourtant, aucun choc n'avait eu lieu, il n'y avait aucune raison de ne plus entendre de musique.

Je descendis de la voiture et cherchai l'homme que j'avais vu. Je fis le tour du véhicule mais ne le vis pas. Je ne compris pas du tout ce qui était en train de se passer. Je n'avais pas rêvé, il y avait un homme, une silhouette noire, sous la pluie, qui venait de me faire dévier de ma trajectoire.

Je courus un peu en amont du virage, je n'avais que la lumière de mes phares pour m'éclairer mais je ne le vis pas. Je parcourus la route dans l'autre sens, dans le sens de sa marche mais je ne trouvai aucune trace de l'homme.

Il s'était passé trente secondes, même pas. Ce n'était pas possible qu'il ait disparu comme ça, aussi vite. Il n'y avait qu'une route, aucune bifurcation possible et des pieds de vignes à perte de vue, plongés dans le noir.

En désespoir de cause, je me mis à appeler et à apostropher la campagne :

— Monsieur, Monsieur. Il y a quelqu'un ? Je ne vous vois pas, vous êtes là ?
— Je peux vous aider, vous êtes blessé ? Je ne vous vois pas, dites-moi où vous êtes !

Pas de réponse.

Je fus abasourdie, il n'y avait aucune logique à ce que j'étais en train de vivre. Un mélange d'incrédulité et de peur me glaça le sang. Que faire maintenant ?

Je fus pendant de longues minutes, plongée dans un abîme de pensées, dévastée par une impasse intellectuelle. Comment cet homme avait-il pu disparaître ?

Avais-je rêvé ? Cet homme existait-il vraiment ? S'il avait été blessé, je l'aurais retrouvé non loin de ma voiture. Il n'y avait pas eu de choc, de cela, j'en étais sûre. Mais, c'était ma seule certitude.

Je restai un quart d'heure sans bouger dans l'habitacle de ma voiture, que j'avais regagné. La porte du côté conducteur était ouverte et le moteur toujours allumé. Je n'arrivai pas à me décider à partir. J'étais étrangère à moi-même. Le bon sens me souffla de m'en aller. Je recherchais quelqu'un qui était toujours introuvable, qui a priori n'était pas blessé, il n'y avait donc aucune raison de rester bloquée dans ce virage et dans mon esprit. Il fallait prendre une décision, compte tenu des éléments logiques. Seulement, ces éléments logiques ne l'étaient pas. Cet évènement annihilait toute rationalité.

Je repensai aux mots de mon moniteur d'auto-école :

— Vous n'anticipez pas assez, on ne vous fera pas de cadeau !

Avais-je vraiment commis une erreur de conduite ? Avais-je manqué d'anticipation ?

Aurais-je pu éviter cela, si j'avais roulé un peu moins vite, si j'avais plus anticipé la conduite sur sol glissant ? Ce « on » qu'il avait employé, quel en était le sens ? Qu'y avait-il derrière ? L'examinateur du permis de conduire ? Mon moniteur d'auto-école ? Les deux ? Les conducteurs avec qui j'aurai des accidents futurs ?

Tout ce monde-là ?

Ce « on » désignait peut-être la vie, le destin ?

Quelles étranges pensées étaient en train de m'envahir...

Je voulus remettre la radio et je m'aperçus qu'elle n'était pas arrêtée comme je le pensais. Elle avait juste cessé d'émettre. Le bouton était enclenché, on pouvait le tourner à droite ou à gauche pour ajuster le volume. J'en fus interloquée.

Je tournai à fond le bouton sur la droite et le son revint aussitôt. La musique se répandit dans tout l'habitacle, j'eus l'impression que la vie reprenait où elle s'était arrêtée. J'eus une vertigineuse impression de chute, comme un malaise indescriptible. La sensation que le temps et l'espace d'un coup se dilataient, que je revenais dans la réalité, dans une réalité acceptable.

Je refermai ma portière, remis ma ceinture de sécurité et enclenchai la première vitesse.

Mon point de patinage fut le plus beau, le plus souple qu'il m'eût été possible de réaliser, et ce malgré le stress et les perturbations psychologiques que me causaient cet évènement hors du commun.

Je repris le chemin de la maison, en me jurant de ne jamais raconter cela à quelqu'un. Personne ne devait connaître cette histoire car personne ne serait en capacité de me croire.

Je repris le cours de mon existence, sans jamais avoir compris ce qui c'était vraiment passé, ce soir-là.

Une semaine plus tard, en regardant la télévision, je tombai sur un documentaire sociologique, qui traitait des Hobos. Ces Hobos qui incarnent une contre-culture subversive et libertaire, sont apparus vers 1850, aux États-Unis. Ce sont des vagabonds, des personnes sans domicile fixe, qui voyagent à travers tous les États, s'installent où bon leur semble, travaillent quand ils en ont besoin et reprennent toujours bien vite la route. Ils sont sans attache, ce sont des marginaux qui vivent de petites combines.

Ce reportage était passionnant et souleva en moi des milliers de questions. Je me mis à réfléchir à cette idée de marginalité et de transgression, de déviance (au sens de la déviation d'une trajectoire personnelle).

La marginalité est toujours relative, on est un marginal qu'en comparaison à une norme donnée, à une époque définie. Je trouvais que ces Hobos n'avaient pas entièrement tort, me trouvant quelques points communs avec eux, dans la mesure où je m'étais moi-même confrontée à la norme attendue au collège et au lycée et que celle-ci ne m'avait absolument pas convenue.

Je pouvais donc paraître asociale à mes heures, singulière, ne me retrouvant pas dans la communauté qui était censée être la mienne. La communauté des étudiants passifs, qui acceptent tout, sans contester. Ceux qui souffrent plus d'enfreindre la règle, que de supporter des réalités qui les obligent à se renier et à se trahir.

J'avais donc, en moi, les germes d'une marginalité intellectuelle.

Il me revint en tête, l'évènement extraordinaire, que j'avais vécu, quelques semaines auparavant. L'homme que j'avais vu était peut-être un marginal, un vagabond qui errait sur les routes de campagne, à la recherche de bonnes combines et d'aventures. Il était sûrement parti bien vite après l'incident, sans demander son reste. Il avait dû couper à travers les vignes, pour rejoindre l'anonymat de son statut. Il ne voulait pas se confronter au monde, à la société, à moi. Peut-être avait-il commis quelques menus larcins qui l'obligeaient à ne pas traîner dans les environs.

Je fus assez satisfaite de mon explication, je trouvai ainsi un certain romantisme à cette silhouette noire et à mon expérience nocturne.

Mais, quelque part en moi, subsista une pensée prégnante et gênante. Et si cette histoire n'était en fait, qu'un rêve ? Je n'arrivai pas durablement, à m'ôter de l'esprit que j'étais responsable de ce qui était arrivé, dans le sens où mon inconscient ou mon préconscient l'avaient imaginé et construit. Ils étaient probablement les machinistes de cette scène hallucinatoire. Ma psyché pouvait être responsable de cette farce grotesque. Elle avait projeté mes peurs et mes doutes. L'esprit pouvait donc l'emporter sur la matière.

Le rêve éveillé ou l'hallucination visuelle constituent, de toute façon, une donnée irréductible de l'expérience humaine.

Le rêve est une injonction de voir, je devais voir la scène qui se présenta sous mes yeux. Elle devait porter un message et apporter son lot de paradoxes et de surprises.

Ce qui avait été vécu, même en rêve, compterait pour toujours. Ce qui avait été perçu et intégré à ma base de données mnésique ne s'effacerait pas. Cette scène réelle ou supposée serait enregistrée dans ma zone cérébrale des souvenirs.

Je ne sus jamais ce qui s'était passé ce jour-là, au détour d'un virage. Mais, cette expérience me marqua pour le reste de ma vie. Je comptais plus que jamais, vivre dans ma marge, dans une singularité intellectuelle, refusant les normes aveugles et les diktats insensés.

Je pris conscience à dix-huit ans, que mon questionnement sur l'identité, la quête de soi ne faisait que commencer. Je ne cesserais jamais de questionner l'ordre établi et le fondement de toutes opinions acceptées sans discussion.

La rentrée universitaire allait débuter, cette perspective me ravissait. J'allais retrouver mon amie Mélanie. Il allait s'ouvrir devant moi tous les champs des possibles de l'autonomie et de la liberté. La faculté de droit serait mon écrin.

Deuxième mouvement

Errance

La rentrée universitaire commença par tenir toutes ses promesses. Nous fûmes, Mélanie et moi, si heureuses de démarrer nos études supérieures. On allait enfin nous prendre au sérieux et nous considérer comme des adultes.

Nous aimions particulièrement l'ambiance des cours magistraux, dispensés dans de grands amphithéâtres et animés par des professeurs qui n'avaient pas peur de se frotter à une foule bruyante et parfois indisciplinée.

Qu'il fut agréable de pouvoir s'asseoir sur un strapontin de bois et écouter des professeurs passionnés par leur matière. Tels des acteurs de théâtre, qui étaient seuls en scène, ils évoluaient devant nos yeux. Chaque heure, un nouvel acteur, chaque jour, une nouvelle prestation. Certains furent plus habités que d'autres. Chacun son style, chacun son costume. Certains furent plus comédien, plus dramaturge, ou plus poète. Il y en eut pour tous les goûts. Une troupe aux talents disparates et complémentaires.

Je fus stupéfaite d'une telle mise en scène. Rien à voir avec le collège et le lycée. La différence était flagrante. Je pouvais m'ébrouer tranquillement sur mon siège tandis que le maître de conférences assumait aussi librement pitrerie et rhétorique endiablée.

Je me dis que le monde de l'université était fabuleux et qu'il était vraiment temps que j'y accède.

Les deux premiers mois s'écoulèrent de la même façon mais nous dûmes préparer les premiers partiels, prévus pour décembre. Le niveau de stress monta donc d'un coup.

Il fallut ingurgiter quantité de livres, savoir des passages par cœur, connaître sur le bout des doigts des articles du code pénal et civil, du code de procédure pénale. Les matières s'empilèrent sur mon bureau et dans mon cerveau. J'étais un robot, j'essayai de retenir la masse des connaissances pour les graver dans mon disque dur. Je passai de l'histoire des institutions au droit pénal, puis bifurquai sur le droit civil, sans oublier le droit constitutionnel. Je m'étonnai de ne pas avoir fait de réels sujets de réflexion durant les travaux dirigés. On ne nous demandait pas notre avis, ce n'était jamais la question.

On nous demandait de mettre des articles de loi en face de problématiques identifiées. Il fallait être clair, précis, sans discussion, sans tergiversation.

Je commençai à me rendre compte que je n'étais pas faite pour cela. Du bachotage matin midi et soir, du par cœur, du soir au matin et du matin au soir ne reflétait absolument pas mon fonctionnement intellectuel.

On nous enseignait des savoirs dogmatiques, sans véritable esprit critique. Cela me dépassait totalement qu'à l'université, il ne fut pas question, même en première année d'utiliser cette arme de formation massive, qu'était l'esprit critique, la première de toutes les compétences. Cette base de tout libre arbitre pour citoyen éclairé, n'était tout simplement pas enseignée.

Je n'avais pas le temps d'apprendre et de comprendre ce que je me mettais dans le crâne. Pas le temps de réfléchir, il fallait emmagasiner, bourrer, etc.

Je perdais le sens de ce que j'étais en train d'apprendre, je n'avançais plus. Pourtant, j'ai toujours eu une excellente mémoire, je retenais ce que j'apprenais mais la flamme avait disparu. Je n'ai jamais su faire semblant.

Je me mis à penser à mon avenir. Je m'étais inscrite en faculté de droit pour devenir juge pour enfants. J'étais éprise de justice, j'aimais la complaisance, l'analyse, comprendre les destins. Je détestais les déterminismes.

J'étais en train de me fourvoyer. Je ne pourrais jamais exercer ce métier, j'en avais une vision trop romantique. Je ne pourrais jamais supporter une carrière basée sur le même fonctionnement. Rentrer dans un moule – être un exécutant qui applique une réponse à une problématique, sans réelle marge de manœuvre, sans appréciation critique et sceptique – n'était clairement pas pour moi.

Quel paradoxe ! Je me ravissais à chaque instant de la prestation oratoire des maîtres de conférences, une rhétorique enflammée, prélude à la rencontre et à la grandeur des beaux esprits des Lumières. Mais, jamais nous n'embarquâmes sur le vaisseau amiral, nous restâmes bloqués, sur un vieux rafiot, à fond de cale. Jamais nous ne découvrîmes de contrées inexplorées, aux confins de la pensée critique.

Le monde de l'université, tel qu'il m'apparut, fut finalement, un territoire à la standardisation des contenus, qui infantilisait les étudiants, avec des évaluations formatées. Pour moi, ce n'était pas un monde de vraies exigences intellectuelles.

La sélection des étudiants visait à retenir les profils dociles et formatés, les courageux bosseurs à la grosse mémoire, les futurs disciples de la langue de bois et de la bien-pensance.

Cette troupe de professeurs-comédiens soignait la forme, pour mieux dominer le fond. Une véritable Commedia dell'arte en réalité, qui se livrait à l'improvisation de comédies pleines de ruses et d'ingéniosité.

Les partiels se déroulèrent mollement. Je n'étais pas dedans, je ne fus pas convaincue par mes diverses prestations.

J'étais cernée par le doute. Mon amie Mélanie partageait mon point de vue. Elle était aussi un peu dépitée. Elle avait, elle aussi, un peu fantasmé les études de droit.

Il y avait peut-être plus de latitude une fois diplômée, lorsqu'il s'agirait d'exercer ses fonctions.

L'École de la Magistrature nous apporterait sans doute ce qui nous aurait cruellement manqué pendant notre cursus universitaire. On parfait peut-être les esprits en fin de parcours, mais rien n'était moins sûr.

Le chemin pour y arriver me sembla trop long, trop sinueux. Il allait falloir slalomer entre les exigences du corps professoral, entre la concurrence féroce de mes pairs qui semblaient si dociles et disposés à ingurgiter n'importe quelle nourriture et m'asseoir sur mes valeurs. Je prendrais le risque de me renier et d'errer dans une zone de peur et de turbulences, pendant au moins quatre ans. Moi qui avais résisté au collège et au lycée, j'allais finalement rendre les armes, devenir moi aussi une résignée, qui avalerait un bouillon infâme, en espérant peut-être des jours meilleurs ?

J'étais en pleine errance intellectuelle. Cette perspective me terrifia.

J'attendis quelques semaines et les résultats des partiels tombèrent. Ce ne fut pas si catastrophique que cela. Les notes furent assez harmonieuses mais pas glorieuses. Je m'en sortis avec dix et quelques centièmes de moyenne générale.

Ce résultat ne m'aida pas à prendre une décision radicale qui germait depuis un petit moment, dans mon esprit. Fallait-il continuer dans l'attente de jours meilleurs ?

Fallait-il abandonner ce navire qui ne voguait pas dans la bonne direction ?

Les examens terminés, je décidai de m'accorder quelques petits moments de bonheur, en allant marcher en ville. J'avais un cours magistral de droit constitutionnel, le vendredi matin. Les cours magistraux n'étaient pas obligatoires, il n'y avait jamais d'appel. Je décidai de ne pas m'y rendre.

J'avais besoin de me perdre dans les rues, d'aller me remplir des couleurs de la capitale des Gaules. Je déambulai au hasard, humai les odeurs de pain chaud, contemplai les pigeons qui s'étiraient dans le ciel.

Je traversai la place des Terreaux, lorsque j'aperçus mon ancienne professeure de français, Madame Perceval.

Nos regards se croisèrent, nous nous arrêtâmes pour nous saluer. Elle n'avait pas changé. Elle respirait toujours autant la bonté et l'intelligence. Ce fut elle, qui engagea la conversation :

— Bonjour Vanessa, comment vas-tu ?
— Bonjour Madame, ça va, ça va !
— Que deviens-tu, que fais-tu comme études ?
— Je suis inscrite en première année de droit à Lyon, je suis restée dans le coin !
— Ça se passe bien, ça te plaît ?
— Pour être honnête, ce n'est pas ce à quoi je m'attendais !
— Tu as un moment ? On peut prendre un verre ensemble, à la terrasse d'un café, si tu veux ?

Sa proposition me ravit, je fus flattée qu'elle m'accorde un peu d'attention et qu'elle s'intéresse encore à moi, trois ans après avoir été son élève.

Cette invitation s'inscrivait dans un vrai rapport d'alter ego et cela me plaisait beaucoup.

— Oui, volontiers !

Nous nous assîmes à la terrasse du Paradoxe, qui était juste en face de nous. Il y avait l'embarras du choix, sur cette place, les bars et restaurants étaient très nombreux.

— Alors dis-moi un peu, tu t'attendais à quoi en allant en fac de droit ?
— Eh bien, je pensais qu'on allait nous apprendre de grandes choses, nous enseigner de belles valeurs, comme la dignité humaine, la morale, l'éthique, la déontologie. Je pensais qu'on ferait appel à notre analyse, à notre esprit critique.
— Les premières années d'études sont les pires. On reste dans le général, à la limite, à la frontière des choses. Ce sont des années d'écrémage, tu sais.
— En fait, je pensais qu'on nous apprendrait à réfléchir avec notre cœur, avec notre âme, au lieu de cela, j'ai l'impression d'être un bureau d'enregistrement à articles de loi, un code Dalloz à moi toute seule. Je suis un disque dur d'ordinateur, j'enregistre, j'emmagasine des contenus, sans âme. Je ne suis qu'une intelligence artificielle en fin de compte.
— Ton épanouissement est donc très limité et très relatif, si je comprends bien ?
— Oui je suis perdue ...

Madame Perceval réfléchit, elle eut une lueur dans les yeux.

— Tu sais, Vanessa, dans la vie, il faut faire ce pour quoi on est fait. Il ne faut jamais se renier, jamais renoncer à être qui on est vraiment au fond de soi. Si tu sembles te forcer à rentrer dans un moule, si cette perspective te coûte, il ne faut pas s'obstiner. Tu seras malheureuse.
— C'est exactement ce que je pense !
— Je te connais un peu, même si tu es jeune et que tout n'est pas figé, je pense que ces études ne sont pas faites pour toi. D'ailleurs, je ne t'aurais jamais imaginée en première année de droit. Tu as trop besoin de sens, tu es une âme sensible.

Ces paroles me firent du bien. J'avais besoin d'être comprise, confortée, encouragée dans mes questionnements.

Elle finit son verre et enchaîna :

— Il est plus facile de se fondre dans la masse, cela demande moins d'efforts que de résister. Dans notre monde, il y a un souffle majoritaire, dans tous les domaines, qui donne le sens du vent et puis il y a des souffles dissidents, qui luttent à contre-courant.

— J'aime bien votre métaphore !

— Vanessa, tu es une personne à part. Tu ne pourras pas changer les autres, tu ne pourras pas non plus te renier. Réfléchis à la valeur que tu veux donner à ta vie.

Il y a un livre que j'aime beaucoup de François Mauriac, *Le Jeune homme*. Il y a un passage qui dit : *« Notre vie vaut ce qu'elle nous a coûté d'efforts. »*

Elle vit l'étonnement et la satisfaction dans mes yeux, elle poursuivit :

— Mauriac n'est plus à la mode mais le bon sens n'est jamais une histoire de mode !

Cette phrase de François Mauriac résonna dans ma tête. Cette phrase deviendrait mon totem.

À cet instant, je pris ma décision, j'allais arrêter mes études de droit, cela ne mènerait à rien de continuer, j'en fus, à ce moment-là, intimement persuadée.

Je fus bien décidée à virer de bord, à donner un nouveau sens à mes études. Je voulais trouver pour quoi j'étais faite. J'allais me battre pour y arriver, je voulais affronter les vents contraires, quoi qu'il m'en coûte d'efforts et de tempêtes.

Je m'en fis le serment.

Nous nous quittâmes sur Mauriac et je la remerciai de ses bons conseils. Madame Perceval avait toujours été un phare pour moi.

Elle avait toujours été là à des moments critiques de ma petite vie qui commençait.

En la quittant, je sus que c'était la dernière fois que je la voyais, qu'il me faudrait faire sans elle.

Je décidai de continuer les cours jusqu'aux vacances de Noël. Je fêtai avant l'heure la nouvelle année, en décrétant une nouvelle résolution. Je ne retournerais pas à l'université en janvier.

Il fallait que je réfléchisse à mon avenir, à mes envies profondes, au sens que je voulais donner à ma vie, aux efforts qu'il me faudrait fournir pour que ma vie soit à la hauteur de mon ambition. Une vie de cohérence, une vie d'harmonie, une vie qui mériterait sa valeur.

Mon amie Mélanie prit la même décision radicale que moi, elle s'inscrit dans une école de commerce dès le mois de janvier. Elle put bénéficier des fameuses rentrées de janvier qui existent dans certaines écoles.

Moi, je dus chercher ce qui pouvait bien faire vibrer mon âme. Je mis à profit les six mois qui se profilaient devant moi, pour trouver une idée et pour cette fois-ci, éviter de me tromper.

J'achetai toutes sortes de magazines d'orientation, écumai les salons de l'étudiant, à la recherche de mon bonheur.

Un jour, je tombai sur un article de presse qui parlait des ressources humaines. L'article présentait ce secteur comme un créneau porteur avec de nouvelles formations qui collaient parfaitement aux attentes du monde de l'entreprise.

Je me rendis dans les écoles présentées et me renseignai sur les cursus.

Je fus séduite par les matières enseignées et par les perspectives d'emploi. Je fus attirée, d'emblée, par la profession de responsable de recrutement. Être aux avant-postes, recruter les futurs collaborateurs des entreprises, accompagner leur intégration, m'emballaient totalement. Travailler avec l'humain, en identifiant les compétences, les savoir-être et les savoir-faire, était assurément gage de satisfaction.

Je me dis que je pourrais m'épanouir dans une logique qui visait à rapprocher les êtres humains entre eux et les hommes et les femmes, de l'entreprise et de l'emploi.

Les matières enseignées me correspondaient totalement, il y avait des approches de la psychologie, de l'économie, de la gestion de projet, des techniques de recrutement, du droit social et des techniques de valorisation du capital humain.

Totalement convaincue, je m'inscrivis à ce nouveau cursus universitaire, au printemps. Je profitai enfin de ma liberté. Une liberté retrouvée, une liberté faite de certitude.

Je passai un merveilleux été, sans l'ombre d'un nuage, je goûtai simplement à l'instant présent. Je fis l'expérience du temps choisi, de la beauté, en allant me promener chaque jour, dans la nature. J'avais besoin de marcher, de contempler les arbres, les bosquets et les fourrés. J'avais besoin de me reconnecter à la terre, à l'authenticité.

Chaque jour devint une randonnée improvisée, un éclat de joie dans lequel je laissai aller ma nature contemplative. Pour l'occasion, je m'étais acheté des baskets colorées, à la mode. Elles étaient si belles, si confortables. J'étais si heureuse.

Je profitai du temps qu'il m'était donné pour parfaire mes lectures, je repris des ouvrages que j'avais laissés, en adolescence, devant la complexité croissante de leurs propos. Je continuai Nietzche et ses œuvres monumentales, j'espérais parfaire encore mon esprit critique et m'ouvrir à des sphères inconnues.

Septembre arriva bien vite. Plus motivée que jamais, je me rendis à la première journée d'intégration de ma nouvelle école. Tout ce qui se passa le premier jour fut à l'image de ce qui se déroula ensuite pendant les différentes années de ma formation.

Je ne fus pas déçue, je pensai enfin avoir trouvé ma place dans ce monde et dans la sphère professionnelle.

Je sortis diplômée avec l'envie farouche de me jeter dans le monde du travail, dans le monde des responsabilités et de l'épanouissement personnel.

Quatre ans étaient passés depuis que j'avais entamé des études supérieures. J'avais vingt-deux ans, j'étais une adulte responsable, presque autonome financièrement. Il ne me restait plus qu'à chercher un emploi et ma vie serait parfaite.

Je fus embauchée dans un laboratoire pharmaceutique, de ma région d'origine, comme responsable de recrutement, au sein du gigantesque service des ressources humaines.

J'eus la charge de recruter les techniciens chimistes, les techniciens de laboratoire qui intervenaient dans toute la chaîne d'élaboration et de fabrication du médicament. Je dus établir les fiches de postes à pourvoir avec le responsable du département qui sollicitait un recrutement, définir un profil de candidat, en adéquation avec les missions inhérentes au poste. Je dus également mettre en place une stratégie de recrutement, pour capter les candidatures et représenter l'entreprise dans les diverses manifestations en lien avec le recrutement.

Ce travail me plut beaucoup. Le contact humain, la multiplicité et la diversité des profils firent que je ne m'ennuyai jamais. Mais, plus les mois passèrent, plus je sentis se développer en moi un sentiment d'anxiété diffuse. Des choses infimes se modifiaient dans mon environnement de travail. Les collègues étaient de moins en moins des camarades mais des voisins d'étage. Je ne me sentais pas complétement en paix, c'était indéfinissable.

Les deux premières années passèrent bien vite, j'acquis expérience et efficacité, recul et lucidité. Ce qui m'apparut, au démarrage, comme une chance immense – travailler avec l'humain – devint une zone d'inconfort. Quand je dis, travailler avec l'humain, c'est mener des interactions quotidiennes avec des candidats et un manager en lien avec le directeur des ressources humaines – qui supervise l'action du service – et des collègues qui exercent les mêmes tâches que moi.

Sélectionner les curriculums vitae des candidats, les recevoir en entretien pour cerner leur profil fut très enrichissant et formateur. J'eus l'impression, à leur contact, d'apporter une pierre à l'humanité et de me renouveler quotidiennement.

Le problème était ailleurs.

Nous étions au début de l'an deux mille et déjà, il prospérait dans les entreprises des logiques de communication et de management particulières.

Une petite musique commença à se faire entendre dans les couloirs du service des ressources humaines et gagna rapidement tous les autres départements.

Le chant du *storytelling* résonna à nos oreilles ou plus exactement le champ du *storytelling* s'ouvrit devant nos yeux crédules.

Cette petite machine à raconter des histoires, à inventer des scénarios pour manipuler les salariés et imposer le changement, diffusa sur nos écrans cérébraux, les premiers personnages fictifs, les mythologies personnelles et les croyances collectives.

Nous eûmes, au sein du service ressources humaines, un responsable qui gérait l'ensemble des collaborateurs dévolus au recrutement – chacun étant spécialisé dans une branche d'activité pharmaceutique définie. Ce super manager s'appelait monsieur Point et venait de prendre ses fonctions. Le service avait été réorganisé suite au départ du précédent responsable et au souhait du directeur des ressources humaines de faire évoluer le service. Nous avions de plus en plus de tâches à faire et la quantité de travail était toujours croissante. Nous avions, mes collègues et moi, émis l'hypothèse de recruter un nouveau responsable de recrutement, pour alléger un peu tout le monde, mais jusqu'à maintenant, nos doléances n'avaient pas été entendues.

Nous pensions, tous, amorcer le débat, lors des premières réunions d'équipe, animées par notre nouveau manager.

Monsieur Point était très sympathique, très jovial et très souriant. C'était un homme d'une trentaine d'années, sûr de lui, qui venait de l'industrie agro-alimentaire.

La première réunion d'équipe se déroula le lundi suivant son intégration. Monsieur Point proposa à chaque membre du service de se présenter en quelques minutes. Il précisa que cela devait être sommaire, juste pour l'aider à savoir qui faisait quoi. Des entretiens personnalisés, destinés à mieux nous connaître, à cerner nos motivations seraient organisés ultérieurement.

Chacun eut deux minutes pour s'illustrer, puis monsieur Point se présenta. Il démarra un monologue qui dura près de quarante-cinq minutes. Trois quarts d'heure, à sa gloire, près d'une heure pour asseoir sa légende.

Il prit soin de nous détailler sa dernière expérience professionnelle à l'étranger, dans l'agro-alimentaire, où il organisait les filières des épices à l'exportation. Il mit en avant son goût pour l'aventure et pour le contact humain, la découverte de nouvelles cultures et l'enrichissement personnel qu'il avait découvert, au contact d'autres mentalités.

Ancien engagé volontaire dans l'armée de terre, il nous conta ses cinq années de dévouement pour la France et les diverses missions périlleuses auxquelles il fut exposé.

Il insista longuement sur le respect de l'autre, l'empathie et l'entraide qui doivent régner entre les services et les salariés de l'entreprise et sur son souhait de faire de nous des collaborateurs heureux et épanouis. Il nous livra un peu de son intimité en nous parlant avec fierté de sa femme et de ses deux enfants en bas âge. Il conclut en décrétant le tutoiement plus indiqué, plus facilitateur dans les interactions.

Il ne se départit pas de son sourire jovial durant toute son intervention.

La journée de travail reprit. Je me démenai corps et âme pour mon travail, mes collègues adoptèrent la même posture. Galvanisés par le discours positif de notre nouveau manager, notre dévotion ressemblait à la ferveur des nouveaux convertis. Nous allions recevoir de plus en plus de candidats, accélérer le *reporting*. Il allait falloir trouver de nouveaux terrains de chasse, de *sourcing*, pour trouver de nouveaux profils, plus qualifiés, plus opérationnels, des moutons à cinq pattes.

Nous retournâmes tous dans nos bureaux, sans passer par la machine à café. Nous étions motivés et heureux d'avoir rencontré notre nouveau manager.

Je marchai rapidement, d'un pas décidé et soudain mon pied heurta le chambranle de la porte de mon bureau. J'avais négocié un virage trop sec, pour tourner du couloir en direction de l'axe de la porte.

Un cri s'échappa de ma bouche. J'avais très mal. Je venais de me cogner le petit orteil et je ne pouvais déjà plus le bouger.

Je m'assis sur ma chaise et enlevai ma botte. J'eus les pires difficultés à extraire mon pied. Je vis à travers le collant que le petit orteil était tout rouge et enflé. Je ne pouvais pas le toucher sans hurler.

Cette journée commença étrangement. Après le choc affectif, créé par la personnalité de monsieur Point, voilà que je souffrais dans ma chair. Quelle journée renversante. Cette idée me traversa l'esprit à la vitesse de la lumière, elle me fit sourire, je me remis bien vite au travail.

La pression se fit sentir de jour en jour et nos doléances resurgirent lors d'une nouvelle réunion d'équipe.

Mon collègue, qui gérait le recrutement des pharmaciens d'industrie, mit les pieds dans le plat et s'adressa à monsieur Point :

— Pierre, il faudrait que l'on évoque tous ensemble, la problématique de la charge de travail dans le service. Il nous faudrait quelqu'un de dévolu exclusivement à la cosmétologie, il faudrait penser à l'embauche d'un nouveau responsable de recrutement. On ne s'en sort pas, ce secteur se développe très vite.
— C'est vrai, tu as raison, ce secteur est en pleine croissance et la fabrication recrute de plus en plus pour développer les chaînes. Tu sais, je m'en suis rendu compte et j'en ai déjà parlé au D.R.H. Pour l'instant, il n'est pas trop d'accord pour embaucher quelqu'un dans notre service. Il trouve que nous sommes assez nombreux et que vous faites du très bon travail.
— D'accord mais si la cosmétologie continue à lancer de nouvelles gammes, nous ne pourrons plus absorber tous les futurs recrutements qui en découlent. Nous sommes déjà au maximum avec la pharmacie, la chimie et la biologie.

Très calmement, Pierre Point, sourit et répondit :

— Je vais vous dire la vérité, le D.R.H. ne voudra jamais créer un nouveau poste. J'ai sollicité un rendez-vous avec lui, il y a quelques semaines, parce que je m'étais bien rendu compte que c'était dur pour le service. Il m'a bien fait comprendre que tout recrutement à cause de ce regain d'activité était impossible. Il n'y a pas de budget pour cela, la priorité va à la fabrication, pas aux ressources humaines.

Il souffla et poursuivit, sur un ton dépité :

— J'ai eu clairement une fin de non-recevoir. C'est une décision qui vient de bien plus haut. Le D.R.H. a fini sa phrase en me disant qu'il ne voulait plus entendre parler de ça. Terminé, point barre.

Nous nous regardâmes tous, un peu déçus et un peu contrariés.

Il faudrait continuer, tenir bon et ne pas flancher mais la pression monta encore d'un cran.

Devant nos mines déconfites, Pierre Point, proposa de nous aider un peu à traiter les dossiers de candidatures.

— Je ne vais pas vous laisser comme ça, je vais venir dans vos bureaux pour traiter des recrutements. Je vais prendre deux dossiers à chacun. On est une équipe, il faut s'entraider.

Après la réunion, monsieur Point passa me voir et choisit scrupuleusement deux dossiers parmi le tas que j'avais à traiter. Il tenait parole.

Malgré cela, il fut difficile de me remettre au travail. Après cet exposé contrariant de notre manager, je décidai de rentrer chez moi, il fallait que je me repose.

Le lendemain matin, j'arrivai au bureau, motivée mais pas très en forme, j'avais très mal à l'orteil. Il était sûrement cassé, il avait bleui dans la nuit. En sortant de l'ascenseur, je tombai sur Pierre Point, il ne sembla pas remarquer que je boitillais.

Il était huit heures trente et Pierre Point m'apostropha :

— Bonjour Vanessa, tu as l'air en forme ce matin ! Tu as une super mine !
— Merci Pierre ! Euh oui, ça va !
— Tu sais, à l'avenir, il faudra éviter de partir à six heures. Il y a beaucoup de travail et tes collègues partent beaucoup plus tard. Il faut vous entraider, c'est ça une équipe !
— Euh...C'est la première fois que je pars aussi tôt !

— Je sais bien mais je ne voudrais pas que les autres te méjugent.
— Tu sais, on doit tous être exemplaires. Moi, j'arrive à sept heures trente tous les jours. Il y a tellement de travail.

Il repartit dans son bureau, son café à la main.

Je continuai sur ce rythme de travail effréné pendant deux ans. Deux longues années, où j'arrivais à sept heures trente le matin et où je repartais le soir à vingt heures.

À midi, je ne prenais que vingt minutes de pause, abrutie par le rythme, je commençais à douter du bien-fondé de mon investissement et commençais aussi à perdre la notion de sens et d'intérêt pour mon travail.

Un évènement me contraria et commença à semer des graines de la contestation.

Je reçus en entretien, deux candidates pour un poste de technicienne de laboratoire, les deux profils étaient intéressants, mais une candidate se démarquait quand même de l'autre.

Je reçus les deux en entretien et ma préférence alla à la deuxième. Elle était plus dans la proposition, dans l'initiative, elle était plus expérimentée. Ces qualités étaient importantes car la future salariée devrait faire remonter des tests terrain et décider du sort de certaines formulations chimiques. Dans cette belle multinationale, les techniciens de laboratoire devaient être des vigies, pas que de simples exécutants devant leur paillasse. La société avait assis sa notoriété sur le sérieux et le professionnalisme de ses tests.

Je décidai de retenir la deuxième candidate.

Lors du *reporting* à mon manager, ce dernier désavoua ma décision. Il me signifia qu'il n'était pas d'accord avec mon choix. Il voulait que l'on embauche la première candidate.

— Bon, tu fais le contrat de travail pour la première, c'est elle que je veux !

— Mais Pierre, elle est moins bien, elle un peu terne à côté de l'autre !

— Les ternes, les dociles c'est ça que je veux !

— Mais pourquoi ... ? Ce poste réclame l'exact inverse. Il faut quelqu'un de tenace et qui soit force de proposition !

— Écoute, c'est comme ça ! Ça ne vient pas de moi ! Il faut qu'on en parle avec l'équipe, des réglages vont être nécessaires.

— Mais ...

— C'est comme ça, point barre.

Cette posture étrange devenait familière, des collègues s'étaient déjà heurtés à ce genre d'incompréhensions. Nos décisions étaient contestées et on nous demandait d'appliquer des logiques qui n'avaient jamais eu cours dans notre structure.

Je fus sidérée, lui, qui était si jovial d'habitude, avait un peu perdu ses nerfs. Je n'arrêtais pas de penser à ses derniers mots ... point barre.

Je détestais cette expression, je la trouvais ridicule. Elle me faisait l'effet d'un couperet, d'une guillotine. J'avais déjà de plus en plus de mal à travailler sereinement, dans une ambiance apaisée qui faisait sens. De plus, sur ma liste, je pouvais maintenant ajouter que mon manager m'inspirait des sentiments contradictoires, je n'étais pas encore très loin de la méfiance.

Je décidai de lui trouver un petit surnom, *Point Barre* serait son sobriquet.

J'étais épuisée et démotivée, je prenais enfin conscience que je ne faisais plus rien d'autre que travailler.

Je restais assise des heures entières, les muscles inférieurs bloqués sous ma chaise, le séant engourdi par l'immobilité et l'esprit englué. Je n'eus plus l'envie de faire, je n'avançais plus. Je me demandais comment j'avais pu en arriver là.

Je songeai à mon amie Mélanie, cela faisait longtemps que je ne l'avais pas vue, je n'avais plus le temps de rien. Était-elle heureuse professionnellement ? Elle paraissait lointaine, l'époque de la faculté de droit, pourtant, c'était hier.

Hier, j'avais décidé de bifurquer, de changer de direction, de quitter des territoires qui ne me convenaient pas, pour me retrouver finalement dans la même situation.

J'en étais encore au même point, des années après. Tout ça pour ça, quelle ironie !

Mon esprit divagua et je me remémorai une phrase de Nietzsche, tirée du *Crépuscule des Idoles, Maximes et Traits, pensée 34 : « Être cul-de-plomb, voilà par excellence le péché contre l'esprit! Seules les pensées que l'on a en marchant valent quelque chose. »*

C'est ça, j'étais devenue *cul-de-plomb* !

Je ne marchais plus, je ne bougeais plus, ni avec mon corps, ni avec mon esprit. Je n'arrivais plus à penser à ma vie, j'étais bloquée en moi-même. Il fallait que je me réveille, j'étais en train d'abandonner toutes mes valeurs, toutes mes croyances salutaires, tout ce pour quoi j'avais toujours combattu.

Nietzsche venait à mon secours, il fallait que je me bouge, lui qui était un grand marcheur, il n'aurait su tolérer autant de sédentarité.

Dans le mouvement, j'allais retrouver ma vibration, mon énergie, mon envie. Mes pensées reviendraient. J'allais retrouver qui j'étais.

C'était urgent, je n'allais pas survivre, j'allais devenir un vrai *cul-de-plomb*, une résignée, une terne, une docile. Il n'en était pas question.

Alors que j'arrivai un matin à l'entreprise – en retard de quinze minutes sur mes habitudes – je passai devant le bureau de mon chef et m'aperçus qu'il n'était pas là à travailler.

Contrairement à mon trajet classique, je décidai d'aller au deuxième étage, avant de me rendre à la machine à café et à mon bureau. J'avais à remettre un magazine professionnel à Véronique, ma collègue du service international.

Pour rejoindre le service international, je dus passer devant le bureau du D.R.H. La porte était juste poussée, et j'entendis sa voix et celle de *Point Barre*. Ils étaient en train de discuter et de rire. Je m'immobilisai devant la porte.

Le D.R.H. posa une question à *Point Barre* :

— Bon alors, comment vont les équipes ? Ça bosse toujours dur ? Pas de rébellion dans l'air ?
— Non ça va je maîtrise !

Je restai interloquée et continuai ma route jusqu'au bureau de Véronique. Je fis une tête particulière car ma collègue me demanda ce que j'avais ce matin. Je n'avais pas l'air bien.

— C'est bizarre, je suis perturbée, *Point Barre* discute avec le D.R.H. et leur échange avait l'air conspiratif.
— Tu sais, je ne sais pas ce qu'ils se disent mais c'est tous les jours comme ça ! Ils discutent pendant une heure et prennent le café ensemble.
— Tu veux dire que tous les jours de sept heures trente à huit heures trente, *Point Barre* est dans le bureau du D.R.H. pour prendre le café.
— Oui, oui c'est comme ça depuis deux ans !

Cette vérité qui me sauta d'un coup à la figure me fit terriblement mal. *Point Barre* n'était pas là pour travailler et pour donner l'exemple, il était là pour distribuer le travail et faire semblant – à coups de simulations des affects, fausse émulation, culpabilité perverse. Le D.R.H. n'avait pas dû faire remonter non plus notre besoin en ressource humaine supplémentaire. Le P.D.G. n'était peut-être même pas au courant. À moins d'être vraiment la tête pensante des *storytellers*. Je ne le saurai jamais.

La seule certitude fut de vivre dans une société au management sophistiqué, le *storytelling management*. Les managers racontent des histoires aux salariés – la vie de l'entreprise comme un ensemble de petits récits fictionnels – qui dépeignent une réalité qui n'existe pas mais qui bride la pensée et toutes velléités de contestation. Ceci s'apparente à de la manipulation mentale.

J'étais en pleine errance intellectuelle, je ne savais plus ce qui était vrai et ce qui était faux. Je pensais que même la vie de *Point Barre* avait été inventée, enjolivée et mystifiée pour nous impressionner et pour que l'on ait envie de se hisser à sa hauteur. Nous, sincères serviteurs, nous ne rêvions que de nous élever, d'être reconnus pour nos compétences et d'être des alter ego.

Au lieu de cela, j'étais un personnage de fiction, englué dans de faux récits, mes managers étaient des gourous, des manipulateurs qui cherchaient à formater et à endormir les esprits, pour mieux les asservir.

J'étais en pleine errance au sens de l'être, un être qui se trompe, qui est dans l'erreur, qui s'écarte de la vérité.

Je repensai à mon orteil cassé, je n'avais pas su voir les signes du début, pourtant, ils étaient là. Je savais que parfois, un acte manqué est l'expression d'une vérité que l'on ne veut pas voir. Je n'avais pas voulu m'avouer, que malgré les apparences, *Point Barre* ne m'inspirait pas confiance, et ce, dès le début.

Avec son air sympathique et son sourire forcé, il cachait bien son jeu. Il était le héros de notre récit inventé, l'acteur phare de notre *storytelling*. Il jouait à merveille, encouragé par des producteurs, qui étaient de mèche, nos si talentueux grands patrons.

Je savais que de tomber malade ou se casser quelque chose, sans prise de risque particulier, pouvait être le signe de l'expression d'un malaise, d'un inconfort, que le subconscient ne parvenait pas à exprimer.

Me casser le cinquième orteil, était bien le signe de ne pas avoir écouté mon être intérieur, de ne pas avoir donné de l'importance à mes ressentis. J'avais muselé mon intuition, moi qui étais pourtant si intuitive.

En me blessant, mon malaise devint visible et à portée de neurones de ma conscience. C'était évident ! Cette déduction me fit beaucoup de bien. J'étais en train de revenir du côté des vivants, des êtres pensants, critiques et sceptiques.

Je me remis en marche et en marge. Je devins en quête de la marge, chaque jour, ne faisant que ce qui me semblait logique et approprié, errant entre les conventions sociales et diktats managériaux. Je devins le nouvel électron libre du service ressources humaines et cela me plut beaucoup.

Il me fallait trouver une destination, j'allais quitter ces territoires mortifères. Il me fallait organiser mon déplacement de la meilleure manière possible. C'est ainsi que je repris le voyage de ma pensée.

Je décidai d'arriver le matin à huit heures trente, comme avant, comme avant la scénarisation de ma vie professionnelle.

Le soir, je partais à dix-neuf heures, dix-huit heures trente si j'étais au point sur les dossiers du jour.

Je m'accordais aussi une pause d'une heure pour déjeuner. Il fallait que je reprenne des forces, pour réussir mon cheminement, pour tenir, en pas de côté.

Je décidai aussi de ne plus honorer mes *reporting*. De toute façon, cela ne servait à rien, mon avis ne comptait pas. Le choix était déjà fait, je ne servais donc à rien.

Je continuai à recevoir les candidats, c'était mon travail et encore mes prérogatives. Par respect pour les candidats, je ne laissais rien transparaître mais je savais ce qui se passerait pour les meilleurs. Ils ne seraient pas sélectionnés et embauchés. Inutile de dire, que les plus intéressants, les plus atypiques, ne seraient même pas rappelés pour une deuxième sélection. Pourtant, ils constituent souvent les meilleurs recrutements. Les trop compliqués, les trop typés ne seraient assurément pas de la bonne chair à paillasse.

Seuls les plus disciplinés, les moins regardants, les plus dociles, les plus serviles avaient grâce aux yeux de ma hiérarchie. *Point Barre* qui se croyait si brillant, dans son jeu de rôle, n'avait pas été choisi au hasard. Pour faire le sale boulot, il avait été embauché parce qu'il était lui aussi le plus soumis, le plus cynique.

Beaucoup se démenaient pour me convaincre qu'ils étaient l'homme ou la femme de la situation. Certains avaient de merveilleux arguments et cela me faisait de la peine pour eux, de les voir s'agiter pour un poste qu'ils n'auraient pas et pour une entreprise qui ne voulait pas d'eux.

Les semaines s'enchaînèrent et *Point Barre* commença à tiquer. Il s'était contenu jusque-là, ne m'avait fait aucune réflexion sur mes retards, qui n'en étaient d'ailleurs pas. Il sembla décontenancé par mon attitude soudaine. Il sentit que le vent était en train de tourner.

Je tins bon mais je dus reconnaître, que cette situation grotesque me coûtait. Cela me faisait mal de voir défiler des candidats parfaits et de devoir les écarter, en brisant leurs ardeurs.

Ce n'était pas moi, j'étais encore si loin de moi. Il fallait que cela cesse au plus vite.

Point Barre m'appela dans son bureau, un lundi, après la pause déjeuner :

— Assieds-toi, s'il te plaît.
— Que veux-tu ?
— Dis-moi ce que tu cherches ?
— Je ne cherche plus rien, j'ai trouvé !
— Attention, ça va mal se passer entre nous si tu ne changes pas d'attitude très vite !

Le gentil manager jovial, se muait en petit roquet qui montrait les dents. Il avait donc peur. Il savait que je l'avais démasqué.

De toute évidence, il n'était plus dans sa zone de confort, il entrait dans une zone de peur, il était affecté par mon attitude et commençait à manquer de confiance en lui.

— Je fais mon travail et rien que mon travail. Je suis payée pour recevoir les candidats. C'est précisément ce que je fais. Ensuite, je remplis strictement les grilles d'évaluation. Tu n'as qu'à vérifier, tout est rempli. Je ne fais plus de *reporting* car à la fin, tu fais ce que tu veux. Il n'y a donc aucun intérêt à te faire une synthèse et un retour précis.
— Tu dois me présenter les dossiers, ce sont aussi tes prérogatives !

Sa voix était plus forte que d'habitude, il était énervé, cela l'empêchait de sourire. Il ne parvenait plus à se maîtriser. Lui qui était tant dans le contrôle. Son rôle lui échappait, il n'était pas très doué pour l'improvisation.

— Si tu veux, je vais chercher mes dossiers, tu les regardes et tu décides, c'est toi le chef. J'en ai soixante sous le coude.

— Soixante ! Tu crois que j'ai le temps de faire ton travail ! Et puis la liberté que tu prends avec les horaires, je ne suis pas d'accord !

— Je reviens à des horaires acceptables. En revanche, il n'est plus acceptable de tenir compte de règles qui ne reposent sur aucun fondement juridique. Il n'est écrit nulle part que je doive les respecter. Ces horaires ont été décrétés et imposés tacitement par toi.

C'est du management par la peur, par la culpabilité et ça, c'est terminé !

Je tournai les talons, ne lui laissant pas le temps de répliquer. En quittant la pièce, mes yeux se posèrent sous la table à roulettes, qui était près de la porte. Il y avait les dossiers des candidats que *Point Barre*, avait généreusement récupérés pour nous soulager un peu. Il était en train de les détruire. Une partie était déjà dans la broyeuse à papier, des serpentins dépassaient. L'autre moitié était posée à côté, à même le sol et attendait le même sort funeste.

Il n'avait donc jamais convoqué ces candidats, il avait scrupuleusement sélectionné ceux qu'il comptait écarter, en les extirpant dès le départ de la pile.

Décidément, on touchait le fond. Là encore, sous couvert de serviabilité, il avait organisé depuis bien longtemps sa médiocre entreprise.

Je sus, à ce moment-là, qu'un bras de fer allait s'engager. Je ne voulais pas démissionner aussi facilement, il fallait que je m'organise.

De leur côté, ils ne voudraient pas me licencier d'un commun accord, ils ne voudraient pas risquer de me payer d'importantes indemnités.

Ils allaient me traquer sans relâche pour collecter le moindre faux pas, chercher la faute caractérisée pour me licencier à la seconde de l'entreprise.

L'ambiance au bureau devint exécrable. Tout le monde savait, mais personne ne disait rien. Le pot aux roses était découvert mais mes collègues se comportaient comme mes anciens camarades de classe. Ils savaient qu'ils étaient les dindons de la farce mais dans leur grande majorité, ils faisaient comme si de rien n'était, ils faisaient leur travail de façon appliquée et continuaient à faire beaucoup d'heures. Pourtant, ils souffraient. Malgré cela, certains avaient encore le temps et l'envie de rire à la machine à café avec *Point Barre* et de participer à certaines manifestations extra-professionnelles, en sa délicieuse compagnie.

Finalement, rien n'avait changé, les plus scolaires, les plus obéissants, étaient devenus les plus soumis, les plus hypocrites. Le ventre mou de la classe était devenu les stars du *storytelling management*. C'était consternant.

Je partais le plus souvent à dix-huit heures trente. Un soir, je partis retrouver mon amie Mélanie, au café du coin. Je m'étais décidée à la rappeler.

Nous nous retrouvâmes joyeusement, nous fûmes si heureuses de nous revoir.

Deux ans étaient passés depuis les derniers coups de fil. Après son école de commerce, elle avait trouvé un poste dans une société informatique. Elle commercialisait des solutions informatiques pour les PME. C'était une entreprise familiale qui s'était beaucoup développée ces dernières années. Elle y était toujours, mais elle avait évolué au sein de la structure. L'entreprise vendait de plus en plus de prestations de formations en bureautique à ses clients. Mélanie était devenue formatrice. Ce travail lui plaisait énormément, il y avait toujours beaucoup de contact humain, elle aimait la pédagogie, la psychologie dont il fallait faire preuve pendant les cessions. Son patron était si content de son travail qu'il lui paya une formation pour qu'elle devienne, en interne, la référente *coaching*. Elle animait pour les salariés de son entreprise, une formation « Confiance en soi ».

Le fondateur de l'entreprise était très en avance dans ses méthodes de management, il voulait donner l'opportunité à ses collaborateurs, de progresser, d'élargir leur zone de confort, pour accroître leurs performances. Il était persuadé que des salariés heureux – qui trouvaient leur place, qui prouvaient leur valeur – étaient ensuite capables d'acquérir de nouvelles compétences, de remplir de nouveaux objectifs, de faire grandir la société. Tout passait par la confiance en soi.

J'écoutai Mélanie, je bus ses paroles :

— C'est formidable de faire ça. Tu as de la chance. Tu dois te sentir utile.
— Oui je suis bien dans mon travail. Mon patron est un homme très atypique, très charismatique. Il m'a fait confiance. J'ai moi-même beaucoup évolué depuis que j'anime cette formation.
— Moi, c'est une autre histoire ! Je suis très mal dans mon entreprise, mon chef est le roi du management par la peur et par la culpabilité. C'est même le roi de la manipulation, c'est plutôt un management par l'affect et par la fausse générosité.
— Ne reste pas dans un cadre comme cela, tu vas dépérir !
— Ça avait déjà commencé mais je me suis réveillée et je ne vais pas y rester. J'essaye juste d'organiser mon départ mais je ne sais pas trop comment faire. Je ne veux pas leur faire le plaisir de démissionner.
— Je te reconnais bien là ! Bats-toi ! Ils n'ont vraiment rien compris dans ta boîte ! Ce n'est pas comme ça qu'on développe sa société, au contraire !
— Le mal est profond, c'est toute la hiérarchie qui s'est inscrite dans le *storytelling management*.

— Depuis que je forme des gens, je peux te dire que pour développer une entreprise, il faut que le personnel puisse agrandir sa zone de confort pour qu'elle devienne une zone de grandeur. Ainsi, les gens deviennent plus compétents, ils peuvent travailler sur d'autres missions. Avec de la confiance en eux, ils se prouvent leur valeur, ils n'ont plus peur, ils ne trouvent plus d'excuses, ils ne s'occupent plus des opinions des autres. C'est un cercle vertueux.

Nos retrouvailles me firent du bien. Ce fut une formidable bouffée d'oxygène d'entendre une voix dissonante, dans cet océan d'uniformité et de médiocrité.

Le temps passa à toute allure, je regardai ma montre, il était vingt heures. Nous devions rentrer chez nous, après une dure journée de travail. Nous étions toutes deux, attendues.

Avant de nous quitter et nous promettre de nous revoir bien vite, Mélanie sortit de son sac un petit fascicule. Elle me le tendit en m'expliquant que c'était le support de formation qu'elle remettait aux salariés suivant son cursus en coaching.

Elle me conseilla de le lire et de m'en inspirer.

Elle pensa que ça me ferait du bien et que je pourrais aller plus loin que notre discussion.

— Tiens c'est pour toi, lis-le. On en reparlera la prochaine fois, si tu veux.
— Promis, je vais regarder !

Une fois rentrée chez moi, je ne pus m'empêcher d'ouvrir le fascicule. Il y avait plein de choses passionnantes, beaucoup de théories qui s'inspiraient des concepts de la psychologie. C'était très dense, la lecture ne pouvait se faire en diagonale, il fallait être concentré pour tout bien comprendre.

Je m'arrêtai sur les deux dernières pages. C'était une fable de la mythologie mésopotamienne.

***

C'était l'histoire de Ninurta, jeune guerrier sumérien, valeureux et courageux. Il vivait à Uruk, entre le Tigre et l'Euphrate, dans une région aride, qui commençait à découvrir l'agriculture et l'irrigation. Les premières cités-États formaient des entités indépendantes et souveraines, dirigées par des princes ou des rois.

Ces différentes cités entretenaient de fortes rivalités, des conflits armés éclataient sans cesse. Les souverains aimaient se quereller pour gagner quelques terres et agrandir leur territoire. Ils devaient coûte que coûte asseoir leur autorité pour espérer devenir la plus importante cité-État ou risquer de disparaître, absorbés par les rivaux. Il régnait un grand climat d'insécurité, chaque ville était dissimulée derrière de hauts remparts pour se protéger des invasions.

Les armées étaient si organisées et si entraînées, que l'on pourrait attribuer aux Sumériens l'invention de la guerre.

Ninurta menait une vie de soldat, faite d'entraînements, de combats divers, d'attaques et de pillages des cités voisines, ordonnés par son roi.

Il commençait à s'ennuyer dans cette vie, bien réglée, où régnaient la destruction, la violence et la peur. Il ne voyait plus l'intérêt de continuer à se battre pour agrandir sa cité d'Uruk. La quête était sans fin, il ne croyait plus au bien-fondé de sa mission.

Un jour, qu'il était en train de s'habiller et de revêtir sa tenue militaire, il fut appelé avec ses compagnons d'armes car un évènement très grave venait de se produire dans la cité. Les tablettes du Destin venaient d'être volées.

Ninurta finit d'ajuster sa jupe à franges et sa cape, recouverte de plaques de cuivre, mit son casque et partit aussitôt. Il cala sa hache, sa massue et son poignard dans sa grosse ceinture de cuir.

Les tablettes du Destin étaient le bien le plus précieux de la cité d'Uruk, leur valeur était inestimable.

Leur origine était inconnue, elles renfermaient tous les plus grands secrets de l'humanité. Toutes les vies, de tous les hommes sur Terre, y étaient inscrites, gravées dans la pierre.

Des habitants de la cité d'Uruk avaient assisté à la scène du pillage, ils avaient vu un oiseau majestueux venir du fond du ciel et s'introduire dans la grande tour royale qui abritait les tablettes.

Ninurta et ses compagnons se précipitèrent en direction de la tour, dans la ville haute.

Ils aperçurent l'oiseau avec les tablettes du Destin dans son bec. Ninurta le reconnut, c'était l'oiseau Mensonge. Cela faisait plusieurs fois qu'il essayait de voler le Destin. Il rôdait depuis plusieurs années, il avait maintes fois essayé. Il ne renonçait jamais.

Dans son horrible forfait, il avait tué son frère jumeau, l'oiseau Vérité, qui l'avait empêché auparavant d'accéder au Destin. Vérité avait été exécuté au pied de la tour, son cadavre gisait au sol.

Ninurta n'écouta que son courage et partit en courant en direction de la montagne où l'oiseau Mensonge semblait aller. Ses camarades attendaient les ordres qui ne venaient pas. Le roi était tellement bouleversé qu'il n'arrivait plus à agir en chef de guerre. C'était pourtant bel et bien une guerre qui avait été déclarée.

Ninurta parcourut des kilomètres dans les cailloux, sur un sol aride, dur et poussiéreux. Il faisait très chaud, son casque pesait lourd sur sa tête. Il arriva au pied de la montagne et vit l'oiseau Mensonge qui avait établi son nid tout en haut.

Le Destin était entre ses serres affûtées.

Il n'y avait pas de route pour accéder au sommet de la montagne. Ninurta dut l'inventer. Sous un soleil harassant, il marcha, il erra dans le silence, seul au monde. Personne ne s'était jamais aventuré ici. Pour les Sumériens, cet endroit à l'écart de tout, sans richesses, ne faisait pas partie des conquêtes territoriales à envisager.

Son errance dura sept jours, sept longues journées, sept longues nuits, dans la chaleur du jour et l'humidité de la nuit. Il se nourrit de quelques baies qu'il trouva sur son chemin, avala des fourmis, but l'eau de la rosée du matin et suça le suc des plantes de rocaille.

Sa détermination était intacte, il ne souffrait pas, ne ressentait pas la douleur. Ninurta courait après le Destin, il savait qu'il avait fait le bon choix. Il croyait en la noblesse de sa quête.

Il arriva enfin au sommet, l'oiseau Mensonge était là, il l'attendait pour livrer bataille, les tablettes du Destin entre ses griffes.

Ninurta sortit sa massue et tenta de l'assommer, pour libérer le Destin, prisonnier.

Il fit tanguer Mensonge, mais il ne lâcha pas le Destin. Ninurta profita du déséquilibre de l'oiseau pour sauter sur lui. Il s'agrippa à ses plumes et se hissa sur une patte. Avec sa hache, il trancha les serres de l'oiseau Mensonge et celui-ci laissa tomber le Destin.

En touchant le sol, les tablettes se changèrent en homme.

Un homme apparut, gisant sur le dos, aux pieds de Ninurta. Il le toucha et le secoua pour voir s'il était vivant. L'homme ne réagit pas. Ninurta fit comme les grands prêtres de sa cité, quand ils devaient s'assurer de la mort d'un individu, avant les cérémonies d'adieux. Il lui mordit un orteil, pour voir si l'homme réagissait.

L'homme se réveilla aussitôt, il n'était pas mort, il était juste endormi.

L'oiseau Mensonge était très affaibli, il essaya de partir, mais la douleur était trop vive. Ninurta l'acheva avec son poignard, un coup porté en plein cœur. Mensonge tomba de l'autre côté de la montagne, au fond d'une cataracte, dans les eaux de l'océan souterrain Apsû.

Ninurta avait sauvé le Destin de tous les humains. Il avait erré pendant des jours, à courir derrière lui. Il l'avait rattrapé, il l'avait libéré, il l'avait réveillé. Dans sa quête, il s'était trouvé, il avait découvert son propre destin. Celui d'un homme courageux et valeureux, qui avait bravé la difficulté, les affres d'une errance dont il ne connaissait pas l'issue et tracé de nouveaux chemins dans la montagne perdue.

Ninurta rentra à Uruk, heureux et glorieux, le Destin entre ses mains. Devant son exploit, le roi abdiqua et le choisit comme successeur. Ninurta devint roi, dieu de la fertilité, de l'irrigation, du labour, du tonnerre et du vent.

***

Cette fable fit naître en moi un étrange sentiment. La marche de Ninurta avait quelque chose d'évident, et en même temps quelque chose d'obscur. S'aventurer seul dans des terres inconnues, pour retrouver le Destin, même si ses attributions de guerrier étaient de défendre sa cité, ne constituait pas une obligation. Pourtant, seule sa volonté profonde s'était exprimée, loin de tout ordre militaire, éloignée de toutes peurs et de certitudes sur la finalité de sa quête. C'est là, peut-être, le plus grand mystère de l'homme, quand il s'éloigne des lignes droites, qu'il emprunte les lignes de fuite, qu'il invente et qu'il improvise des chemins.

Ce qui pourrait sembler être des pas perdus bouleverse ce qui semblait écrit d'avance, il s'ouvre alors un territoire fait de trouvailles, de découvertes et de hasard. Un hasard, qui n'en est peut-être plus un. Un hasard provoqué est-il toujours un hasard ?

Les chemins de traverse, les pas de côté permettent de tirer profit de circonstances imprévues. Errer dans ces zones, c'est s'ouvrir à l'inattendu, aux délices de la sérendipité. Au commencement de l'errance, il y a la perte, le dépouillement ; vient ensuite la découverte. La recherche est sans réelle volonté. Trouver c'est d'abord ignorer ce que l'on cherche. Se trouver, c'est d'abord se perdre.

Ne pas savoir ce que l'on cherche, entraîne précisément ce que l'on n'était pas venu chercher.

La sérendipité, c'est d'abord et avant tout, un état d'esprit, c'est s'ouvrir à la curiosité, à la découverte. C'est ne plus rien planifier mais observer, vivre ce qui se passe en spectateur, pour ensuite devenir un acteur de la découverte.

La sérendipité s'incarne dans l'attitude de certains chercheurs qui s'ouvrent à toutes les observations, à toutes les incertitudes pour découvrir des solutions à des problèmes qu'ils ne cherchaient pas à résoudre.

Ils visent une problématique dans un domaine et découvrent des remèdes à d'autres problèmes. Au bout du compte, ils ont ouvert en grand leur monde, ils n'ont pas isolé leurs croyances et leurs connaissances et se sont laissé porter par la Providence.

La science possède de nombreux exemples d'inventions ou d'innovations liées à cette inclination d'esprit.

La sérendipité est l'incarnation du décloisonnement de nos pensées, de nos certitudes et de nos prisons mentales.

C'est une manière irrationnelle de faire des découvertes. Soudain, on sort des sentiers battus, on effectue des tâches qui diffèrent des habitudes, on décide de rencontrer de nouvelles personnes, que l'on ne recherche pas communément...

La sérendipité se cache dans tout ce qui semble être un mouvement, une force qui nous entraîne ailleurs et nous sort de notre zone de confort.

C'est un déplacement, une inclination d'esprit différente. Une porte ouverte sur l'ailleurs, une sagacité accidentelle.

Ninurta était parti pour une quête, il voulait rapporter les tablettes du Destin mais il trouva autre chose sur son chemin. Il découvrit un trésor encore plus grand, encore plus inestimable. Il se découvrit lui-même, il se découvrit des qualités, bien plus grandes que celles qu'il pensait posséder. Il se découvrit autre. Ne pas obéir aux ordres, n'écouter que son courage, croire en son cœur et en son âme, marcher, avancer, dessiner les lignes de son destin.

Ninurta avait créé son propre destin, en se réveillant, en errant dans de nouvelles sphères intérieures et dans un nouveau paysage inconnu. Il avait décidé lui-même de son destin en s'écartant volontairement du chemin tout tracé qu'il avait devant les yeux et qui commençait à ne plus le satisfaire.

La portée de ce texte m'avait bouleversée, je me sentais tellement proche de Ninurta. Cette fable de la mythologie mésopotamienne résonna et infusa en moi pendant de longs mois.

Je refermai le fascicule donné par Mélanie, je songeai pendant toute la soirée à l'analyse que je venais de faire de cette fable. Un mouvement était en marche, à l'intérieur de moi.

Le lendemain matin, je me levai épuisée, je n'avais pas beaucoup dormi. J'avais été parasitée par des tas de pensées négatives et par l'ambiance exécrable qui régnait à mon travail. Il fallait que je me sorte de cette situation, c'était maintenant une urgence vitale.

J'arrivai à mon bureau à huit heures et demie, absolument pas motivée par ce qui m'attendait.

Je ne fus pas capable de penser à autre chose qu'à l'histoire de Ninurta. Toutes mes pensées convergèrent vers la même idée, il fallait que je sorte de ma route. Il allait falloir que je démissionne, je n'avais pas le choix.

Des mois avaient passé depuis le sentiment de rupture que j'avais éprouvé, lors de ma décision de ne plus me laisser faire par le *storytelling management*.

J'étais dans une impasse, enfin consciente mais totalement bloquée. Les situations de *statu quo*, de face-à-face, où chacun se regarde en chien de faïence, n'apportent rien. Elles soufflent un air vicié qui, peu à peu, rend malade.

J'avais besoin de m'affranchir de cette vie qui ne me convenait pas et qui oblitérait toute évolution.

Il mc fallait une rupture, une déliaison. Il fallait que j'échappe aux codes de cette entreprise et à l'espace-temps de la soumission, pour reconquérir ma liberté. Une liberté vraie, authentique. Pas une liberté décrétée, construite sur un pied de nez.

J'avais accepté l'errance, comme mouvement d'évasion, comme mouvement de rébellion. J'étais en cavale, à la dérobade. Il fallait maintenant conclure le chapitre.

Il fallait aller au bout des chemins tortueux, voir ce qu'il y avait derrière.

Mon mouvement devenait un arrachement. Je devais couper, trancher, même si tout venait en même temps. Je ne pouvais plus rester dans l'enfouissement, tout remontait à la surface.

Je ne pouvais imaginer une errance jusqu'à la désintégration. Je rêvais d'une errance de la célébration, constructive, qui enfante, qui engendre.

Il était bien question de devenir son propre créateur, son propre maître, de ne plus être esclave de qui que ce soit ou de quoi que ce soit.

Je n'eus pas besoin de démissionner. Je m'aperçus peu de temps après que j'étais enceinte.

Cette nouvelle me souleva, transporta mon cœur et mon âme. J'étais au comble du bonheur. Une petite vie était en moi.

Étais-je en train d'éprouver le destin ?

Étais-je en train de vivre la sérendipité ?

J'avais quitté ma route et de nouvelles perspectives s'ouvraient devant moi. De nouveaux chemins semblaient se dessiner, pour m'emmener ailleurs.

Un grand mouvement de fond était à l'œuvre, les choses se recomposaient. J'observais le début de cette œuvre du changement en spectatrice. Une spectatrice-instigatrice qui allait devenir actrice.

Point Barre ne put me licencier, il fut obligé d'attendre le début de mon congé maternité, ce qui porta encore à plusieurs mois la date de mon départ de la société. Un départ mais pas un au revoir.

Aux yeux de la loi, je serais encore comptabilisée dans l'effectif de la société. Je comptais bien en conserver les prérogatives, mais je sus que je n'y retournerais jamais.

J'avais la solution à mon problème, j'avais gagné. Un champ des possibles s'ouvrait devant moi, cinq ans après être rentrée dans cette société.

Il allait falloir écrire la suite, la partition serait à composer, toutes les routes étaient encore à tracer.

Le dernier jour de travail, durant la pause déjeuner, j'allai faire un tour dans une rue commerçante de la ville. Avant de commencer mon congé maternité, j'avais envie de m'acheter un nouveau livre. J'allais avoir beaucoup de temps devant moi avant l'accouchement.

J'avais peu lu durant ces cinq années écoulées, trop occupée à rester assise, à vivre une vie écrite d'avance.

Je voulais renouer avec une de mes passions, la littérature.

Je m'arrêtai devant une librairie, sans trop savoir ce que j'avais envie d'acheter.

Je fis rapidement le tour des étals. Un rayon, en particulier, attira mon œil.

Je stoppai devant les piles des rayonnages « Contes et Légendes ».

Un titre me fit tendre la main jusqu'à une petite pile de livres. Je venais d'attraper *Les Aventures des trois Princes de Serendip* de Louis de Mailly.

Je fis tout de suite le rapprochement entre Serendip et sérendipité. Je retournai le livre et lus la quatrième de couverture.

Il était question d'un souverain, Giafer, Prince de Serendip, qui voulait parfaire l'éducation de ses trois fils. Pour cela, il les envoya parcourir le monde et vivre des aventures où leur capacité d'observation, de déduction firent merveille. Ils séduisirent les plus grands de ce monde et, sans jamais le rechercher, devinrent aussi grands que des prophètes.

Je fus tout de suite emballée par l'histoire et achetai le livre.

Dans la soirée, une fois rentrée chez moi, je commençai la lecture. Je dévorai ces contes qui étaient une merveille de sagesse et d'intelligence.

L'auteur présentait un peu la sérendipité comme quelque chose de magique en même temps comme quelque chose de très rationnel et de logique.

C'est exactement ce que je ressentais face à ce processus à la fois déductif et intuitif. Il est question de disponibilité mentale et de processus imaginatif et illuminatif. La réalité est complexe.

La question principale qui se pose est de savoir si des évènements sans cause réelle et sérieuse peuvent advenir et apporter une réponse – précisément adéquate à un questionnement ou à une problématique qui n'étaient pas forcément identifiés ?

En d'autres termes, le hasard existe-t-il ?

Le hasard est-il vraiment le hasard ?

Ce livre illustra bien ce que je pensais depuis longtemps, une raison libre et intuitive est la clé pour avancer dans la vie, pour se renouveler et pour aller chercher son bonheur.

Il ne faut pas demander sa route à quelqu'un qui la connaît et qui ne s'en éloigne jamais, on pourrait risquer de ne jamais se perdre, et ainsi de ne jamais se trouver.

Trouver ce livre, comme ça, tomber dessus, par hasard, voilà que je continuais sans fin le voyage de ma pensée. Je ne pus m'empêcher de songer à cette synchronicité.

Quelle était la probabilité réelle pour que je lise cette fable mésopotamienne, que je songe à la sérendipité pendant des mois, nuit et jour, et que je découvre *Les Aventures des trois Princes de Serendip ?*

Je n'osai exprimer la réponse.

De la sérendipité peut naître une synchronicité. C'est là encore la plus fabuleuse des observations.

Une synchronicité, au sens de la psychologie analytique, est la réalisation simultanée d'au moins deux évènements ou circonstances, sans qu'ils ne présentent de lien de causalité. Le sens qui s'en dégage est reçu et interprété par la personne qui la vit.

L'association de ces deux éléments ne peut faire sens que pour celle qui les reçoit.

Ce concept a été développé par le célèbre psychiatre, Carl Gustav Jung.

Un jour il reçut en analyse une patiente, rétive à tous traitements, à cause de son manque de lâcher-prise, de sa volonté de tout contrôler. Pourtant, elle voulait réussir sa thérapie, elle voulait avancer mais elle n'y arrivait pas. Il élabora sa théorie, à partir de ce qu'il observa ce jour-là. Il ne cessa ensuite d'essayer de l'étayer et d'en faire un concept.

En séance, sa patiente lui fit part d'un rêve où elle vit un magnifique scarabée d'or.

Au même moment, un bruit se fit entendre à la fenêtre du cabinet de Jung. Un insecte, qui s'avéra être un scarabée, se cogna la tête contre la vitre.

Devant cette manifestation, pleine de surprise et d'irrationalité, la patiente se débloqua et fit sauter tous ses verrous psychiques. La thérapie put se poursuivre, efficacement.

La patiente évoqua un scarabée, puis, simultanément, l'insecte se présenta.

Je pense à la sérendipité, puis, au même moment, je découvre un livre qui en porte le titre et présente une incarnation de ses bienfaits.

Dans ces cas précis, la synchronicité était bien identifiée, elle ne faisait sens que pour la patiente de Jung et que pour moi-même.

D'autres n'auraient rien remarqué, rien vécu dans ces évènements concomitants, s'ils ne possédaient pas, auparavant, le premier élément à joindre au deuxième. Il n'y avait aucun lien entre ces pièces du puzzle, pour qu'elles se produisent, pour que la première entraîne la deuxième.

Elles arrivaient chacune indépendamment et c'était cela le plus fascinant.

Ces synchronicités étaient l'incarnation physique d'une idée, d'un désir, d'une envie. C'est comme si quelque chose d'impalpable, quelque chose de fugace, revenait sous la forme incarnée d'une matière observable ou quantifiable.

Ces coïncidences, qui ont du sens pour celui qui les vit, arrivaient donc à des moments cruciaux, à la frontière des blocages, à la limite d'une route, à la croisée des chemins.

Ce concept de synchronicité que j'avais découvert, au hasard de mes lectures, et qui m'avait déjà plongée dans l'incrédulité – quelques années auparavant – revenait avec encore plus de force et de sens.

Je sus que quelque chose se poursuivait en moi, une brèche était ouverte. Le chemin ne faisait que s'ouvrir, mes pas allaient le dessiner, au hasard de mes rencontres, de mes envies, de mes désirs. La seule chose à faire était d'accepter la nouveauté, de changer son quotidien, de faire de nouvelles choses, de côtoyer de nouvelles personnes, d'écouter son cœur, son âme, de se faire plaisir, de laisser s'exprimer ses désirs et vivre ses envies.

La Providence mettrait sur ma route des signes, il me faudrait être consciente, présente, pour les voir. Ainsi, je dépisterais mes balises, elles n'étaient que pour moi, elles ne pourraient correspondre à personne d'autre.

Je m'endormis sur cette certitude qui constituait pour moi une errance méthodique, qu'il fallait continuer à appliquer, jour après jour. Tout était réuni pour y arriver, l'espace et le temps étaient maintenant libérés d'un fardeau, mon ciel était immense, mon ventre grossissait à vue d'œil. Le meilleur était à venir.

Troisième mouvement

Pèlerinage

Ma grossesse se poursuivit sereinement, jusqu'à son terme. Je donnai naissance à un beau petit garçon, en pleine santé.

Une nouvelle vie se mit en place, une existence faite de responsabilités m'ouvrit grand les bras.

J'étais heureuse, je vivais l'instant présent, découvrais les joies de la parentalité.

Tout était émerveillement, je n'en revenais pas.

Je trouvai un nouveau rythme, de nouvelles respirations. Je m'initiai, jour après jour, à de nouvelles activités, faites de patience, d'harmonie et de douceur.

Je redécouvris les joies de la marche. Je sortais tous les jours, avec la poussette, quel que soit le temps, pour m'aérer, pour faire ressentir à mon fils le contact du vent, du soleil, de la chaleur ou du froid sur son visage.

J'expérimentai un nouveau déplacement, un nouveau style de marche, avec la poussette. Il me fallut être attentive au revêtement de la route, anticiper les creux et les bosses, les trottoirs et les déjections canines. Je ne pus m'éloigner des routes balisées et goudronnées, sous peine de rencontrer les pires difficultés dans mes manœuvres.

Après plusieurs mois d'inactivité, je pris plaisir à bouger de nouveau et à remarcher.

Je me remis tranquillement et sereinement en mouvement, c'était cela le plus important.

J'attendais ces promenades quotidiennes, avec de plus en plus d'envie et d'impatience. Mon corps et mon esprit avaient besoin de renouer et de ne plus se quitter. J'étais restée trop longtemps dissociée.

Tout allait merveilleusement, dans ma nouvelle existence, remplie de libertés et de mouvements. Mon fils grandissait bien. Une année était passée, il savait marcher. Je passais mes journées à lui courir après. Il adorait grimper partout, découvrir le monde, partir où la curiosité et la découverte l'entraînaient.

C'était un vrai petit aventurier, très à l'aise sur ses deux jambes. Il n'était jamais fatigué quand il s'agissait de jouer dehors, de taper dans un ballon ou faire des acrobaties.

Je pris un congé parental de deux ans, à l'issue de mon congé maternité. Je voulais profiter de mon fils et réfléchir à un nouveau projet professionnel.

Je ne voulais pas retourner travailler dans les ressources humaines. Je comptais bien réfléchir et trouver une activité qui me corresponde. Je n'avais plus le droit de me tromper.

Mon fils alla à la crèche, je pus ainsi commencer une série de pèlerinages, de nostalgies enfantines et adolescentes. Mon envie fut de constituer une œuvre intérieure, lyrique, utile et nécessaire pour mon équilibre personnel.

J'avais le besoin impérieux de marcher dans les collines, là où mes parents m'emmenaient le dimanche, après déjeuner. C'était un rituel familial, la promenade digestive. Elle commençait comme telle, mais elle se poursuivait, tard dans l'après-midi. Elle devenait une véritable randonnée.

Je voulais retrouver les endroits champêtres et bucoliques de mon enfance. Je voulais reconstituer toute la collection de souvenirs que j'avais dans la tête. Des souvenirs, légers, heureux, peuplés de vertes prairies, d'odeurs florales, de chants d'oiseaux, de bruits de ruisseau. Observer le mouvement de la nature, le long des chemins, est un spectacle fascinant.

Je recherchai des terres, des terroirs, des territoires, exempts de toute laideur humaine, de tout mensonge, de tout cynisme. Contempler cette nature me donna force et courage, sérénité et harmonie. J'étais au milieu d'un mouvement qui prenait son temps, au rythme apaisé. Je sentis que j'étais en train de me reconstituer, marcher me faisait du bien, physiquement et moralement. Tout est mouvement, la pensée qui s'incarne et qui file dans des directions insoupçonnées ; le corps qui s'élance, qui balance dans des directions pensées ou aléatoires. La nature est, elle-même, l'incarnation d'un gigantesque mouvement, cyclique, inarrêtable, intangible et incompréhensible. Le mouvement, voici ce que je suis, quand je marche. Je suis un mouvement, dans le Mouvement. Penser le mouvement semble impossible. Pourquoi je marche ? Parce que mes pas se calent sur mes pensées et inversement, il en ressort quelque chose de gracieux, de bienheureux. Je ne peux accéder qu'aux ressentis, aux émotions que cela me procure. Je ne veux pas intellectualiser ma démarche. Je veux profiter de l'instant, goûter, savourer, me délecter.

Je retrouvai le petit chemin qui partait du haut de la Côte des Buis, qui serpentait entre les vignes du Beaujolais et redescendait vers la route principale.

Je retrouvai des sensations délicieuses, glorieuses, d'une époque révolue mais les faire revivre, juste en foulant le sol, où elles avaient éclos, quinze ans plus tôt, me transportait de joie. Faire revivre des sensations enfouies et s'apercevoir que tout ressurgit, que rien n'est vraiment mort et que tout peut ressusciter. Je ressentis ce mouvement comme un processus, une petite mécanique de précision qui cala mon cœur sur mon âme, mon corps sur mon esprit.

Je passai plusieurs mois à redécouvrir les sensations de mon enfance et à arpenter la campagne.

Je redécouvris le chemin des crêtes, je n'avais rien oublié de la vue fabuleuse qui s'offrait devant les yeux du marcheur ayant supporté les dix kilomètres de montée. Je pouvais voir les Alpes, majestueuses et enneigées, aussi éternelles que mes souvenirs d'enfance.

Je fis cette randonnée une fois par semaine, j'en avais besoin. Un besoin impérieux, j'avais une envie irrépressible de voir chaque semaine cette chaîne de montagnes qui s'élevait dans le ciel bleu azur, quand le temps était dégagé.

Au bout d'un moment, je me rendis compte que je commençais à épuiser mes souvenirs, que mes sensations étaient un peu dénaturées. La joie s'estompa, les ressentis s'affadirent.

Les confins de ma mémoire avaient livré toutes les réminiscences qu'ils possédaient. J'avais consumé toutes mes célébrations, toutes mes contemplations et tous mes enchantements. Leurs charmes se dissipaient dans la répétition de la confrontation au réel. La survivance des jours heureux peut contenir une date de péremption, lorsque que celle-ci est trop sollicitée. C'est du moins la réflexion que je me fis, lorsque je me rendis compte que mes promenades et flâneries solitaires ne m'apportaient plus rien.

Un sentiment de vague, de flou, d'insipidité me gagna. Un arrière-goût – d'autre chose et d'ailleurs – commença à envahir mes délectations bucoliques.

Il fallait que je trouve une autre façon de marcher, de me mouvoir, de me déplacer. Je devais rester dans le mouvement, connectée et unifiée, c'était bien là que je me sentais pleine et entière.

Je décidai de passer presque tous mes week-ends à l'extérieur, j'avais besoin de changer de cadre, de voir autre chose, de respirer un autre air. J'entraînai mon mari et mon fils dans des escapades de fin de semaine. Nous partîmes, tous les trois, nous évader deux jours durant, au bord de la mer, à la montagne ou dans les massifs provençaux.

Je pensais que ces échappées m'aideraient à trouver l'inspiration, des idées pour rebondir professionnellement, avec une envie et une vitalité débordantes.

Je devais trouver une idée, un projet, quelque chose qui m'embarque professionnellement. Mais cela ne venait pas, je n'arrivais pas à me projeter. Quelque chose en moi faisait masque, je sentais que je tournais autour du pot, avec mes réflexions, mais que je ne parvenais pas à me centrer sur le sujet principal. Je ne parvenais pas à le voir, il me semblait caché, il paraissait inaccessible à ma conscience.

La seule certitude était de trouver une activité professionnelle, loin des diktats, où l'inacceptable n'a pas cours, où les petites morales étriquées et les médiocrités ne peuvent s'incarner. Une activité qui vise l'accomplissement de soi, l'ambition constructive. Une sphère où la peur et le reniement sont absents.

J'avais aussi besoin, dans l'immédiat, d'occupations réelles et sérieuses. J'étais dans un mouvement de réflexion, d'analyse et de constat. Pour améliorer ma démarche, je sentais bien que j'avais besoin de nourriture intellectuelle. Mon esprit réclamait son lot de connaissances, d'approfondissements et de découvertes.

Je décidai de m'inscrire à des cours de philosophie, en tant qu'auditrice libre, à la faculté. Mon seul plaisir était d'apprendre, de découvrir et d'échanger, autour d'un savoir universitaire. Il n'était nullement question de me mettre une pression avec le suivi d'un cursus diplômant. J'aurais pu, à ce moment, reprendre des études, mais je n'avais pas de projet autour de la philosophie – juste l'envie de progresser, de m'élever et ne pas interrompre mon mouvement. J'avais payé trop cher mon aveuglement et mon errance. J'avais perdu du temps, rétréci mon espace et m'étais stoppée en rase campagne, loin des pérégrinations bucoliques de mon enfance.

Je me rendis à Lyon, dans l'université que j'avais fréquentée plus de dix ans auparavant.

Je retrouvai les mêmes grands murs froids, les mêmes escaliers, les mêmes coursives, dans lesquelles le vent s'engouffrait et qui faisait voler les feuilles mortes, à l'automne.

C'est incroyable de constater que le temps passe ; les êtres se succèdent, les circonstances changent, mais les souvenirs sont intacts. Ils ne prennent pas une ride, c'est comme si j'avais vécu mon dernier cours de droit hier.

Le bâtiment, lui aussi, était identique. Il n'avait pas bougé, immuables pierres, inaltérable grandeur des bâtiments monumentaux de la fin du XIXème siècle.

Mes souvenirs, qui furent immédiatement convoqués, provoquèrent des sentiments confus. Emprunte d'une certaine nostalgie, je ne pouvais m'empêcher de penser que le destin avait quelque chose d'ironique.

Il me ramenait sur des terres connues mais sur des terres amères.

C'est ainsi que je démarrai les cycles de conférences, des ateliers et des cours de philosophie. J'entamai ma formation avec un cycle sur Sénèque. Ce philosophe romain faisait partie de l'école stoïcienne, un courant de pensée qui prône le bonheur grâce à l'acceptation rationnelle de l'ordre du monde. Deux choses doivent être séparées, celles qui dépendent de nous et celles que nous subissons venant de l'extérieur. L'homme doit concentrer ses efforts sur ce qu'il peut changer, sur ce qui dépend de lui et doit renoncer et se détacher des faits ou circonstances dont il n'est pas responsable. Le stoïcisme demande à l'homme de travailler sur ses conditionnements, sur ses croyances et ses désirs pour vivre et agir avec la nature.

Le programme semblait tout à fait exaltant, c'est exactement ce dont j'avais besoin. J'étais heureuse de me laisser porter par ces nouvelles habitudes. Je n'étais là que pour écouter, me nourrir intellectuellement, sans contraintes. J'avais pris une nouvelle route, j'avais bifurqué de mon quotidien qui commençait à me lasser, et j'espérais que de nouvelles routes inexplorées apparaissent et dessinent mon futur.

Ces cours devinrent mon nouveau rituel, mon nouveau pèlerinage entre ces murs de pierre que je connaissais si bien.

Venir entre ces murs constituait un voyage au long cours, un mouvement sacré, un déplacement spirituel. J'étais devenue un pèlerin qui se rendait avec la ferveur du croyant, dans un lieu sacré, source de vie et d'épanouissement.

Le premier cycle de conférences fut une présentation de la pensée de Sénèque sur les voyages, le lien entre l'âme humaine et l'âme du monde.

Pour les Stoïciens, l'âme est une réalité corporelle, elle existe et s'incarne dans tout ce qui est mouvement et vivant.

Je m'attendais à une présentation ardue et conceptuelle, je découvris avec joie, des contenus pédagogiques, adaptés, portés par un maître de conférences proche et facilitateur.

Ce sujet me plut beaucoup et résonna en moi d'une curieuse façon. Je prenais beaucoup de notes, j'étais une auditrice passionnée.

Le maître de conférences nous expliqua que Sénèque pensait que l'âme humaine n'était que mouvement. Ce qui avait pour conséquence d'obliger l'homme à sans cesse, bouger, voyager et se déplacer.

Cette propension naturelle le pousse aux déplacements et aux changements, sans toujours accéder au contentement et à la satisfaction. Bien au contraire.

À trop vouloir voyager, l'homme confond quantité des excursions et qualité des odyssées. Au bout des explorations – qui ne se sont que déplacements transitoires et provisoires – l'homme qui espérait se trouver ne se trouve pas. Pire, il abîme son âme dans cette frénésie de mouvements où les départs et les retours s'enchaînent mais n'apportent rien. L'âme se déplace mais ne se nourrit pas, ne s'enrichit pas. L'homme est dans un cercle vicieux, son insatisfaction grandit, un autre voyage est envisagé pour combler l'âme, mais cette roue, qui tourne sans fin, tourne à vide. Notre docteur en philosophie nous fit lecture d'extraits de *Lettres à Lucilius* et *De la tranquillité de l'âme*.

Ainsi, Sénèque décrit le paradoxe du voyage, la maladie de se déplacer sans sens profond, cette agitation ridicule :

« L'âme humaine est en effet, par instinct, active et portée au mouvement. Toute occasion de s'exciter et de sortir de soi lui est agréable, d'autant plus agréable que le caractère est mal en point et aime à se frotter à quelque chose qui l'occupe. Certains ulcères provoquent la main qui les envenimera et se font gratter avec délice [...]

Et n'est-ce pas le propre de la maladie que de ne rien supporter longtemps et de prendre le changement pour un remède ? De là ces voyages que l'on entreprend sans but, ces allées et venues de rivage en rivage et cette mobilité toujours ennemie de l'état présent, qui tour à tour essaie de la mer et de la terre [...]

Les déplacements succèdent aux déplacements, un spectacle en remplace un autre. [...] Comme dit Lucrèce : Ainsi chacun se fuit toujours. »

Cet exposé brillant et pédagogique éveilla en moi de nombreuses questions sur mes envies, mes fonctionnements. Il était vrai que mes voyages-villégiatures – que j'avais entrepris, les week-ends, pour me changer les idées, et pour faire diversion dans l'ennui de mon quotidien – ne résolvaient rien. Ils n'étaient qu'une manœuvre, c'était l'arbre qui cachait la forêt.

Je pensais m'aérer, être dans des dispositions positives pour le changement, trouver l'inspiration, mais cela ne fonctionnait pas. Sitôt rentrée, je voulais repartir, rêvais de vacances éternelles. Ce n'était qu'une fuite en avant.

Je vécus un moment de grâce, ces cours furent des bouffées d'oxygène.

Toutes ces réflexions m'aidèrent à réfléchir, à progresser dans mes expériences philosophiques et spirituelles.

« Tu crois qu'il n'est arrivé qu'à toi, et tu t'étonnes comme d'une chose étrange, d'avoir fait un si long voyage et tant varié les itinéraires sans dissiper la lourde tristesse de ton cœur ? C'est d'âme qu'il te faut changer, non de climat. [...]. »

Les pérégrinations qui ne visent qu'à satisfaire une vanité comme nouveauté et un désir de voyager comme une distraction sont peines perdues et font souffrir pire encore. Ne pas avancer mais le vouloir si fort n'aura pour conséquence que de maintenir l'individu dans l'affliction.

Pour Sénèque, un mouvement sans la volonté de se chercher, de se tester et de s'éprouver au bout du chemin est vain. L'âme doit se confronter, savoir de quelle matière elle est faite. L'action de changement qui réside dans le déplacement ne peut se trouver qu'à l'intérieur même de l'âme. Aucune action extérieure, aucun paysage, aucun divertissement annexe ne peut la révéler à elle-même.

La solution est en elle-même, la réponse est en chacun d'entre nous lorsque nous nous confrontons à nous-mêmes, c'est-à-dire que nous effectuons des mouvements qui vont laisser le champ libre à nos peurs, à nos doutes, à nos approximations. Si nous arrivons à stopper nos tourments et à découvrir nos soleils, notre âme nous sera révélée.

Ainsi, l'âme heureuse bouge, vagabonde, erre, pérégrine et se révèle à elle-même. Nous savons ainsi qui nous sommes et pour quoi nous sommes faits.

La solution vint naturellement à moi, il fallait que je m'éprouve, que j'aille en dehors de ma zone de confort chercher des réponses.

C'était ccla dont j'avais besoin, de larguer les amarres, de partir seule, de me retrouver quelque part où je n'étais jamais allée, de modifier tous mes repères.

Il fallait donc bien que je me perde avant de me trouver, telle fut ma nouvelle obsession.

Il me fallait un mouvement avec du sens, un voyage moral, qui poursuive un but de vie, pas de circonstances. Ce but devait me permettre d'acquérir une somme de « trésors » qui me servirait toute ma vie.

Un projet se fit jour, j'envisageai une épreuve difficile, sans confort, où seuls les bruits de la nature et mes propres pas battraient la mesure de mes journées. Quinze à vingt kilomètres par jour, par tous les temps, à supporter la chaleur, le vent, la pluie, sans pouvoir s'extraire. Il me faudrait accepter d'être confrontée à moi-même, à chaque instant, d'être le plus souvent ma seule compagnie.

Il me faudrait tenir le rythme, tenir le calendrier, malgré le cœur qui cogne et les pieds qui saignent.

Il fallait accepter d'être dépaysée, au sens strict, de vivre une aventure personnelle, humaine, que je n'avais encore jamais entreprise.

J'envisageai de partir trois semaines marcher sur les chemins de Saint-Jacques de Compostelle.

Je ne voulais pas d'un pèlerinage austère, d'un pèlerinage de croyant.

Je voulais un voyage poétique, philosophique et spirituel. Pas une rencontre avec Dieu, mais une rencontre avec moi-même, avec mon âme réelle.

Je dus continuer mon entraînement pour être prête en quelques semaines. Je continuai, ainsi, à marcher sur mes chemins d'enfance, pour ne pas perdre le rythme, jusqu'à mon départ. Cela ne me pesa plus car je nourrissais d'autres desseins pour mon âme.

Je sus à ce moment-là, à ma prise de décision que le doute ou le ravissement seraient mes plus fidèles compagnons pour trois semaines.

Il me faudrait régler les contingences matérielles, organisationnelles. J'espérais que mon absence ne pèserait pas trop à mon fils. Les trois semaines lui paraîtraient longues mais c'était réalisable. Mon mari pourrait s'occuper de lui.

Il fallut que je choisisse un tronçon et que j'établisse mon parcours. Je dus tout étudier, choisir soigneusement mon équipement. J'allais devoir porter un sac, je compris très vite les enjeux de la légèreté et de la fluidité.

Je m'achetai des tas de livres qui compilaient les bons conseils, les astuces, les itinéraires descriptifs, les bornages et les tracés.

Il y a plusieurs chemins pour se rendre à Saint-Jacques de Compostelle, plusieurs tracés différents, tout dépend essentiellement du lieu de départ. Après étude, je m'arrêtai sur celui de la *Via Podiensis*, un des itinéraires historiques, qui part du Puy en Velay. Étant originaire de la région Rhône-Alpes, je jugeai que ce lieu de départ était le plus cohérent.

Je disposais de vingt jours, je calculai donc que je pouvais aller jusqu'à Figeac, soit à deux cent cinquante kilomètres. C'était tout à fait réalisable, mon mari pouvait me récupérer non loin de ce village, c'était très accessible.

Je voulais absolument dépasser Conques, situé en Aveyron et visiter ce village médiéval.

Mon trajet allait de la Haute-Loire à la vallée du Lot. J'allais traverser la granitique Margeride, le Gévaudan, le plateau de l'Aubrac en Aveyron et ses grandes perspectives. Il se mettait déjà en place, dans mon esprit, un imaginaire particulier, fait de contes et légendes moyenâgeuses. J'étais déjà ailleurs, l'esprit happé.

La nature verdoyante et les plateaux volcaniques seraient mes paysages. J'allais tracer mon chemin entre le Velay, l'Aubrac et le Causse de Limogne.

Mes étapes étaient calculées pour faire environ treize kilomètres par jour, ce qui ne me mettait pas trop de pression. Le but était de vivre une belle aventure, pas de me faire mal.

Malgré mes efforts pour alléger le plus possible mon sac à dos, je constituai un paquetage de dix kilos. Il allait falloir être capable de le porter tous les jours, quoi qu'il arrive, j'avais vraiment pris le minimum de vêtements de rechanges, des couverts, gourde, duvet, trousse à pharmacie, téléphone portable.

Ma hantise était de me faire des ampoules ou une tendinite car un gros pépin médical aurait pu remettre en cause toute mon aventure.

Je réservai mes nuitées à l'avance, au gré des étapes que j'avais élaborées.

Je découvris qu'il y avait énormément d'hébergements, hors des étapes classiques où la majorité des pèlerins s'arrêtaient. Je m'étais procurée la créantiale, passeport et carnet du pèlerin, pour le faire tamponner au gré de mes étapes. J'avais besoin de marquer mon itinéraire, il n'y avait rien de religieux là-dedans, juste l'envie de faire partie d'une communauté, d'un ensemble, d'un tout, cheminant dans la même direction.

J'attendis la fin du printemps pour partir. J'allais traverser une géographie variée, j'allais potentiellement me frotter à plusieurs climats. Je voulus mettre toutes les chances de mon côté pour adoucir les contraintes. Même si, en plaine, la saison était en avance, elle serait sûrement en retard sur les hauts plateaux. Le printemps me sembla être le plus raisonnable. Je voulais éviter à tout prix l'été, les chemins sont trop fréquentés, la chaleur et le soleil accablent le pèlerin.

Mon pèlerinage démarra, tôt le matin, par la visite de Notre-Dame-du-Puy-en-Velay, située dans la vieille ville, sur le Mont Anis. J'admirai ses coupoles romanes préservées et sa célèbre Vierge Noire.

Je fis un tour rapide de la ville, découvris de vieilles bâtisses, de nombreuses autres chapelles et de petits artisans qui tissaient des dentelles. Tout cela avait un charme suranné, délicieux qui me fit déjà voyager.

Le chemin m'appela, il fallut que je commence.

Les quatre premiers jours, je vécus ma traversée comme une punition. J'eus mal aux pieds sur les chemins caillouteux, je dus supporter de longues heures de marche dans la boue et dans l'humidité ambiante. Je n'étais pas totalement connectée ici et maintenant, l'esprit trop accaparé à me demander pourquoi j'avais décidé ce défi insensé et pourquoi, malgré ma préparation, j'avais si mal aux pieds.

Mon mental avait pris les commandes, mon ego faisait des siennes et pleurnichais sur son épaule. Le triptyque infernal se mit en place. Triste sensation, inconfort, insatisfaction.

Mon âme se désespéra. Elle avait accepté le voyage pour se trouver, s'éprouver, se frotter à des zones d'indétermination, d'inconfort et grandir.

Elle n'était pas venue pour faire du tourisme et entendre geindre. Elle attendait le déclic, lorsque le mental ferait silence, que l'ego serait dissipé dans quelque chose de plus grand que lui. Elle était patiente, elle l'aurait sa récompense. Je le savais, elle allait être exaucée. Il fallait que je lâche prise.

De ces frottements insupportables – dus aux chaussures, chaussettes sur la peau de mes pieds – naquirent des points de contact, des singularités, des confrontations de mon esprit dans les marges du réel. Le voyage se fit, petit à petit, symbolique, imaginaire, initiatique. Dans ces zones de confrontation avec soi-même, une réflexion autre, un langage différent se dégagent à l'intérieur de soi et la voyageuse que j'étais put jeter des ponts entre des rives, des rives lointaines.

Rives de soi, extraordinaires rives de l'âme.

Soudain, je n'eus plus la sensation d'avoir mal aux pieds. Mon âme avait pris les rênes et elle m'entraînait sur les chemins escarpés de l'ascension, de l'envolée.

Au bout d'une semaine, j'avais complétement changé de perspective. Je ne pensais plus à mon corps. Je n'étais plus vraiment un corps, je n'étais que des pieds et des yeux, des oreilles, un nez, une bouche. Curieusement, c'est au moment où je semblais corporellement morcelée que je fus pleine et entière.

Mes cinq sens suffirent à incarner ma personne et permirent à mon âme de se mouvoir et de s'exalter.

Mon déplacement n'était nullement une promenade naturaliste. J'étais au service de mon âme pour qu'elle se trouve et qu'elle s'éprouve.

Pourtant, j'étais cernée par le sensible, l'inconnu, la découverte. Marcher dans les espaces naturels, peu fréquentés, me confronter au sublime était bouleversant. La nature offerte, sans cesse renouvelée, se découvrit et s'apprécia à chaque pas. Chaque image gravée dans mon esprit fut un cadeau, une récompense à mes efforts physiques. L'esthétique et la sensorialité de mon odyssée se déposèrent sur mon âme à chaque foulée et la poussèrent à s'étoffer et à grandir, à tendre vers quelque chose de grandiose.

J'avais réussi à partir, à m'extraire d'un quotidien trop banal mais je cherchais toujours des réponses. J'étais déjà en train de comprendre que j'avais réussi la première épreuve, celle d'agir. Partir pour agir. J'avais trouvé la force de couper, de dévier du chemin sur lequel je m'étais élancée après mon accouchement.

Il était temps d'en emprunter un autre, d'en dessiner un suivant. On ne cesse jamais de créer son labyrinthe, il faut faire en sorte d'en sortir, de s'offrir les moyens de créer des dérivations, des routes secondaires, de se faufiler au-delà des impasses et par-delà les murs.

La fin de mon errance devenait le commencement de mon pèlerinage. La fin peut donc être un commencement. De ce mouvement naquit une énergie nouvelle, de ces paysages arpentés naquit le changement.

Ma vie nomade ne me pesa pas. Quand je marchais, six heures par jour, suivant le temps qu'il faisait, je ne pensais qu'à la beauté de ce qui m'entourait et à la simplicité avec laquelle j'arrivais à me nourrir et à appréhender ces cadeaux offerts. Il fallait juste être là, présente, se laisser faire, infuser et déguster.

Je me sentais étrangement bien, je me sentais protégée. J'étais plus présente à moi-même, plus présente aux autres que je croisais aux détours des chemins et le soir dans les gîtes que j'avais réservés pour passer la nuit.

J'écoutais les pèlerins raconter leurs péripéties, les pérégrinations ou leurs enchantements. Les chemins de Saint-Jacques étaient à la croisée de toutes les croyances, de toutes les ardeurs, de tous les mouvements. J'étais à un carrefour de ma vie, de mes choix, de mes projets. Cette sensation était prégnante, me portait chaque jour et m'emportait sur le chemin de la gaieté, de la joie. Plus je marchais et plus je visualisais mon but, je marchais derrière lui et j'allais bientôt le rattraper.

Je vécus cette marche, cette ascension, comme une fierté. Une fierté et une humilité. Point d'arrogance, point de compétition, ni avec moi-même, ni avec les autres pèlerins. J'étais apaisée et je crois que je n'ai jamais autant ressenti, dans ma vie, ce sublime sentiment d'immanence. Cette idée de dépassement, cette couche à l'intérieur de soi, qui fait ressentir une présence, à nulle autre pareille, qui n'a besoin de rien, qui s'incarne dans la certitude d'être au bon endroit, au bon moment.

Je ressentis cette certitude d'avoir une âme, cette correspondance univoque entre ma conscience et mon paysage intérieur. J'avais la certitude que mon âme était heureuse.

Ce phénomène mystérieux, presque alchimique, s'incarna, jour après jour, dans la conversation, que j'eus avec le temps.

Marcher dans les plaines, les forêts, dans des landes de pierre, sur les hauts plateaux et toujours ressentir le souffle du vent, du passé, des époques, de tous ceux qui nous ont précédés.

En ces lieux, les arbres, les fleurs, les cailloux me parlaient. Les murs, les portes et les fenêtres des constructions et bâtiments que je longeais, me susurraient à l'oreille des confidences, des secrets d'un autre temps.

Ils se livraient à condition de savoir écouter, de savoir humer l'air du passé, de l'apprécier, tout en goûtant au moment présent.

Toucher à ce fantastique équilibre, c'est avoir le sentiment indéfectible d'entrer en connivence avec le monde, d'entrer en résonnance avec lui.

C'est avoir la sensation de vivre une relation précieuse, vraie, authentique, de ne pas avoir envie de se défiler, d'y aller, de se frotter et d'avoir confiance. Ne pas avoir peur de soi, ni de ce que l'on pourrait y trouver, d'inconnu et d'étranger.

Il n'y a rien de normal et rien de durable à vivre cette étrangeté. Ce que je vivais, j'étais allée le chercher, très loin, au-delà de mes paysages, et par-devers moi. Cette sensation m'habita le temps de mon pèlerinage, je savais qu'elle ne disparaîtrait jamais complètement, qu'elle vivrait dans mes profondeurs. Je savais, qu'une fois qu'elle se manifeste, l'âme en garde la trace, pour toujours.

Indélébile et indéfectible marque.

Certains évènements peuvent la réanimer, les vicissitudes de la vie lui offrent une tribune, si l'on parvient à raviver sa mémoire, à réveiller la belle endormie. De cela, j'en étais consciente.

Je savais que l'on ne peut vivre éternellement dans la béatitude. Sa préciosité et sa fugacité étaient donc ses plus grandes démonstrations de grandeur.

Cette présence au monde, cette réalité réengendrée me poussa à marcher inlassablement ; j'étais dans un élan vital, une relation dynamique, galvanisée.

J'étais disponible, éveillée, mon âme se remettait à niveau dans la foulée de mes pas. Cela m'obligea à tenir, à continuer, malgré la fatigue, les douleurs, les aléas du climat.

Je m'inscrivais dans un impératif esthétique et éthique. J'étais dans la suggestion, la transparence, l'élémentaire. Ma réflexion pouvait se frayer un chemin. Il fallait que je poursuive, seule, dans mes choix, mes projets, mes axes labyrinthiques.

J'écoutais le chant du monde. Mes oreilles étaient dans mes pas, mon âme essayait de capter les chants et les sons. Mes orteils se dressèrent pour écouter. Je pensai à Nietzsche, ce grand marcheur, qui élabora ses pensées philosophiques au rythme de ses pas, le corps emporté par le mouvement.

« Seules les pensées que l'on a en marchant valent quelque chose », c'était bien de cela dont il s'agissait.

Le mouvement entraîne le déplacement. Le corps entraîne l'esprit. Les pensées entraînent le changement. Une mobilité physique ou une agilité intellectuelle redistribuent les cartes de l'avenir, dessinent de nouveaux horizons, de nouveaux espaces insoupçonnés.

Ce mouvement, si inhérent à l'univers, aux astres et aux planètes, s'incarne dans des cycles, des alternances, des révolutions, des continuums, mais rien ne s'arrête jamais de bouger. Arrêter le déplacement signerait la fin de l'existence, de l'objet quelconque de l'univers. Il disparaîtrait dans les limbes cosmiques.

L'homme est, par essence, un morceau de l'univers. Il n'est pas conçu pour devoir s'arrêter, se bloquer. Il ne peut être statique, sous peine de se dissoudre dans les limbes de sa conscience, livré aux météores de la pensée, avec la peur, la culpabilité, comme échos au fracas du chaos.

Sur ces chemins où l'exaltation conduit au ravissement et à l'ascension, le rêve devint une composante de la réalité. Le réel se recomposa. Dans mon nomadisme choisi, les chemins me capturèrent, me maintinrent dans un songe éveillé.

Aux détours d'une montée éreintante ou d'une descente dangereuse, mon esprit fut aspiré, happé. Les moments de creux, les passages à vide me projetèrent dans un univers parallèle où je m'imaginais en train de me reposer, de poétiser.

Je pus m'extraire de la difficulté, je pus m'en aller ailleurs.

J'étais tellement présente que je pus partir ailleurs. Ce fut le paradoxe vécu sur les chemins, lorsque l'âme est si remplie qu'elle peut faire une pause, pour déposer un peu de difficultés. Elle se débranche et l'esprit divague, je rêve éveillée.

Je m'invente, le pèlerin se fait poète...

Je compose et tout se recompose.
Je suis dans l'ombre et la lumière,
Je suis ici et là-bas, je marche et je me repose.
Je suis une alternance, une cadence,
Je suis un effort, un réconfort.
Je suis une frontière, une chimère,
Je suis dans l'angoissant, dans le rassurant.
Je suis entière, je suis mystère.
Je me suis souvenue, la nuit remue.

Le jour était en train de tomber, je poétisais pour me rassurer. J'étais en retard sur mon étape des hauts plateaux.

Il me restait un kilomètre à parcourir avant de rejoindre mon gîte. J'étais épuisée, je me récitais dans le désordre des poèmes de *La nuit remue* d'Henri Michaux. Ils me tinrent compagnie jusqu'à mon arrivée.

J'étais dans le désordre, ivre de vent, de prose et de courbatures. Dans le désordre, mais avec une poésie personnelle, faite de sueur, de la saveur du don de fatigue.

Une poésie personnelle, pour une autre couleur du cheminement, pour une sorte d'auto-engendrement rêvé.

Quelle fragilité de la perception. J'étais dans l'onirique, le fantasmagorique, dans l'impulsion vitale, j'avais le cœur palpitant et l'âme pleine d'élan. Je juxtaposai les instants vécus et ceux fantasmés, je composai mon poème personnel avec mon corps, puis avec mon âme.

Dans mon mouvement, les frontières se dissipèrent, les surgissements m'assaillirent et les profondeurs de l'onirisme compensèrent la lourdeur de mes pas. Au lieu de m'enfoncer dans le doute, je renaquis, active et libérée.

Sur le tableau noir de mon imagination, la nuit était tombée, j'allais pouvoir me reposer, oublier pendant quelques heures mes pieds et rêver, cette fois-ci bien endormie, à d'autres aventures.

J'enchaînai les jours de marche, j'étais à mi-parcours. Je commençais à croiser de plus en plus de pèlerins. J'étais heureuse du chemin parcouru. Je me sentais à ma place.

Marcher dans la nature avait provoqué une plus grande porosité à tout ce qui m'entourait. Je guettais le chant des oiseaux, il me servit de base à la perception des paysages. Les paysages devinrent sonores, je m'inventais des compositions musicales. L'indicible, l'ineffable, ressentis devant mes merveilleux paysages, avaient besoin d'un support pour s'exprimer et offrir toutes leurs beautés, à mon cœur et à mon âme.

Saisir ce qui submerge, voilà la difficulté.

De cette submersion magnifique naquirent des chants et des rythmes. Je m'étonnais que mon cerveau produise autant de notes et de mesures.

Je pris conscience que j'avais atteint une strate inconnue de moi-même, enfouie depuis toujours sous le joug de la rationalité, de la tempérance et de la prudence.

Même si ces qualités étaient bénéfiques – pour vivre en société, s'épanouir avec autrui, et faire la paix avec soi-même quand cela était nécessaire – elles tuaient aussi dans l'œuf l'expression de notre être profond. L'être conquérant, l'être courageux et l'être authentique, qui est aussi un versant de nous-même, doit pouvoir éclore et nous porter très loin.

Il n'était plus question de se raconter des histoires, il était temps d'écouter la musique du monde, la musique de l'âme.

Je constatais que le plus grand silence produisait les plus belles symphonies. J'étais en pleine harmonie cosmique.

Devant tant de beautés, mon cerveau, créait des musiques célestes. J'étais incapable de les fredonner ou de me les rappeler, le soir venu, mais je les entendais et elles m'aidaient dans mon mouvement.

Cette expérience sensible, me dérouta. Je n'étais pas capable de dire réellement si la musique venait vraiment de l'intérieur ou de l'extérieur.

Était-ce vraiment mon esprit qui produisait ses chants ou l'immensité du paysage qui m'absorbait et m'inondait de ses notes ?

Je marchais dans des flots de notes et d'harmonies. Mon âme suivait la mélodie, elle se déployait vers l'infini. Je vécus une expérience métaphysique bouleversante. Je sentis mon âme vibrer au son de la musique. Il paraît que l'univers vibre, tout entier, partout et tout le temps, que malgré le froid ou la chaleur, l'obscurité ou la lumière, les vibrations résonnent dans l'infini. Je me sentis faire corps avec l'univers.

La musique imprégnait tout mon corps, mes os, mes muscles, mes nerfs, ma peau.

Il n'était que réceptacle, il était anesthésié. Je n'étais plus que ressentis, sentiments et émotions.

Je n'avais plus réellement conscience de moi-même, je me fondais dans le paysage, je me confondais avec la nature, j'étais un arbre, une pierre, un souffle du vent.

C'était un sentiment à la fois très primitif et très éthéré. Jamais, je n'avais ressenti cette impression en moi.

Mon âme se modifiait, je me sentais différente. Je marchais sur un fil tendu, j'étais en équilibre. Je ne savais pas convoquer ce moment, lui seul décidait de se manifester, j'étais son instrument. Il m'apprenait à jouer de la musique et j'apprenais patiemment le mouvement.

Tous mes sens étaient en éveil, je me sentais en expansion. Je marchais le sourire aux lèvres, animée par une force, une inspiration, une poésie libératrices. Je me sentais débarrassée de mes questions, de mes scories intérieures. Je ne ressentais que l'évidence, l'harmonie, la grandeur.

Ce pèlerinage allait au-delà de ses promesses, j'étais au-delà de moi.

Quatre jours avant la fin de mon parcours, je traversai le village de Conques et ses charmantes petites rues médiévales.

Après avoir parcouru, pendant de longs jours, les plateaux du Gévaudan et de l'Aubrac, je revins un peu à la civilisation. Je me laissai surprendre par l'Abbatiale Sainte-Foy et son tympan du Jugement dernier, chefs-d'œuvre de l'art roman.

Cette œuvre majeure de la sculpture romane du XIIème siècle présentait sur le portail ouest de la cathédrale, une voussure de plein cintre, composée de cent vingt-quatre personnages, à l'état de conservation remarquable. L'enfer et le paradis s'affrontaient, d'un côté, les élus et de l'autre, les damnés. Au milieu, la figure du Christ orchestrait le spectacle.

Mes yeux contemplèrent les détails des personnages ciselés dans la pierre, cette sculpture était si monumentale et foisonnante que je n'arrivais pas à m'en défaire. Mes yeux n'étaient plus habitués à fouiller dans le détail, à voir de petits objets.

Je m'étais habituée à être dans l'immensité, minuscule fourmi au milieu d'une nature grandiose et pierreuse, aride et battue par les vents.

Là, je contemplais de petits hommes de pierre, il fallait patience et observation pour comprendre et suivre la narration. Au milieu de mes sites naturels, il n'y avait rien à comprendre, mais tout à ressentir, je m'étais pris le caractère sauvage et imprévisible de la nature, en pleine figure. Je n'avais pas pu prévoir ce qu'elle m'avait réservé, ni avec les aléas du climat, ni avec mes stupéfiants surgissements.

Cette déambulation entre les pierres me fit beaucoup de bien, je regardai les fameux vitraux de Pierre Soulages, et mon esprit divagua entre les rayons de lumière.

Ce spectacle fut une échappée et un ravissement, pour mon âme. Elle se nourrit de cette lumière douce, harmonieuse, indéfinissable, qui diffusait une clarté particulière.

Je terminai mon étape du jour, sereinement, en avance sur mes prévisions, ce fut le cœur léger que je me mis en quête de mon hébergement.

J'avais réservé un gîte de petite capacité. Je préférais les ambiances familiales aux colonies de vacances, avec dortoirs impersonnels.

J'arrivai sur les lieux du repos bien mérité, un couple d'une cinquantaine d'années était déjà là. Nous échangeâmes les salutations de circonstance et commençâmes à nous présenter.

L'homme et la femme venaient de Haute-Savoie, ils étaient des férus de littérature, passionnés de poésie. Ils écrivaient tous les soirs leur journal de bord, reconstituant leurs étapes, leurs ressentis, de l'anecdote à l'envolée métaphysique, en passant par des poèmes qu'ils inventaient ensemble, à la lumière de leur inspiration.

Je passai, ce soir-là, la plus merveilleuse soirée de mon pèlerinage, c'était la rencontre la plus inattendue et la plus improbable.

Nous étions tous si fatigués. Quand le relâchement des muscles se fit, nous nous aperçûmes que notre esprit suivait la même trajectoire. Nous étions totalement décontractés, naturels, authentiques. Aucune posture, aucune obligation quelconque de parler ou de s'illustrer, juste le bonheur de partager. Nous étions affalés dans les canapés de l'entrée et attendions que soit servi le dîner.

Nous commençâmes à déclamer des poèmes, pour l'amour des mots et des images.

L'homme récita par cœur *Le Bateau Ivre* d'Arthur Rimbaud. Ce fut un bonheur de l'entendre, il l'interprétait extrêmement bien, il était habité par le texte.

Quelle joie, quelle allégresse dans ses effusions poétiques. C'était totalement surréaliste. On ne se connaissait pas et voilà, que le plus naturellement du monde, les langues se déliaient, tantôt en prose, tantôt en vers. Les esprits étaient libres, sans contraintes, les âmes se pâmaient, devant autant de liberté et de beauté.

Je m'étonnai moi-même de rentrer dans le jeu.

Pendant tout le dîner, nous échangeâmes sur « l'homme aux semelles de vent », sur l'expérience limite de la démesure et du grandiose.

Cette soirée poétique semblait être l'allégorie de mon cheminement sur les chemins de Saint-Jacques, remplie de mouvements vertigineux et surréalistes.

Cette poésie de Rimbaud, toujours en quête d'un ailleurs, pour une vie labyrinthique, où l'appel du voyage fut si fort.

Départ, extrait des *Illuminations* :

Assez vu. La vision s'est rencontrée à tous les airs.
Assez vu. Rumeurs des villes, le soir, et au soleil, et toujours.
Assez connu. Les arrêts de la vie. - ô Rumeurs et Visions !
Départ dans l'affection et le bruit neufs !

Rimbaud rêvait de départ, étouffant dans la pauvreté de la routine quotidienne.

Lui, qui ne tenait pas en place, qui avait tant besoin de s'échapper vers l'ailleurs et qui pensait trouver le bonheur dans d'autres contrées, cet infatigable marcheur, a-t-il fini par se trouver ?

À l'évidence, il n'y est par parvenu, fauché trop tôt, à l'âge de trente-sept ans. C'est sur cette pensée que nous nous quittâmes, avec mes amis pèlerins.

Il fallait aller dormir, le pèlerinage n'était pas encore achevé, le couple de Haute-Savoie reprenait aussi la route le lendemain. Ils étaient encore bien loin du but, ils comptaient faire tout le pèlerinage jusqu'en Espagne, ils avaicnt prévu de partir trois mois.

Il me restait environ cinquante kilomètres à parcourir, avant de passer Figeac, la ligne d'arrivée était à portée de semelles.

Plus que quatre jours avant de revoir mon fils et mon mari. Je les avais appelés tous les soirs pour leur raconter mes aventures sur le chemin jacquaire.

Ils étaient fiers de moi, ils espéraient que je rentre bien vite et que mon expérience soit spirituellement constructive.

Nos échanges téléphoniques nous faisaient du bien à tous. Mon mari était rassuré que je l'appelle et lui raconte mes émerveillements et découvertes. Mon fils commençait à très bien parler, il avait besoin de m'entendre et moi aussi, j'avais besoin de lui. Sa petite voix douce me faisait chaud au cœur.

Il m'arrivait de me sentir seule parfois, au milieu du tout et du rien. Seule au monde.

Dans ces moments un peu effrayants, les visages de mes proches m'aidaient à tenir bon. Je convoquais mes souvenirs et les traits des gens aimés se dessinaient devant mes yeux.

Je touchai au but, au but ultime. Ces quatre derniers jours passèrent à toute allure. J'arrivai dans les vallées du Lot et du Célé, j'approchais de Figeac. Au sommet d'une montée difficile, je découvris un poème, d'un auteur inconnu, gravé sur une plaque de basalte, fixée contre un mur. Il était recouvert de lierre, on devinait la coquille en bas à gauche et une représentation de pèlerin, en bas à droite, apposés pour attirer l'œil des Jacquets.

Il y avait huit couplets, composés de quatre strophes chacun. La gravure était de couleur jaune. Sur le fond anthracite du basalte, le jaune ressortait, tel un phare dans la nuit.

Je m'arrêtai, écartai la végétation et lus à voix haute, le poème gravé dans la pierre :

Pèlerin où t'en vas-tu ?
Pourquoi fais-tu ce long voyage ?
Randonneur où t'en vas-tu ?
Ton sac à dos pour tout bagage.

Peut-être ne sais-tu pas
Qui te guide sur ce chemin ?

Il se peut que ce soit la foi
Peut-être n'es-tu pas chrétien.

Il y a déjà plus de mille ans
Que la grande aventure est née
Marcheur, tu es le descendant
Des hommes qui l'ont engendrée.

Tu vas traverser des régions,
Des villes, des bourgs, des villages,
Les pierres te raconteront
L'histoire du pèlerinage.

Tu devras franchir les rivières,
Des montagnes, les Pyrénées,
Hier encore, c'était la frontière
Pendant des heures tu vas monter.

Alors tu seras en Espagne
Sur le « camino » tu souffriras
Comme l'Empereur Charlemagne,
Lui aussi est allé là-bas.

Avec les Basques tu vas chanter,
Tu boiras du vin de la Rioja,
La Castille va te brûler,
Et la Galice tu atteindras.

Et lorsque seul parmi tant d'autres
Tu apercevras au lointain
La cathédrale de l'apôtre
Tu n'oublieras plus le chemin.

Ce poème aurait pu se trouver en début de parcours, comme un avertissement, une instruction, un commandement, mais ce fut curieusement sur la fin de mon chemin que je tombai sur lui.

Il est vrai, que les pèlerins qui vont jusqu'à Saint-Jacques de Compostelle, débutent le pèlerinage car le poème apparaît au bout de deux cent cinquante kilomètres.

Ce texte arrivait finalement au bon moment car les deux premiers vers, qui étaient les deux premières questions, me parlaient, m'interrogeaient. Au bout de mon périple, au bout de deux cent cinquante kilomètres, il était temps que je réponde.

J'arrivai à Figeac, les pieds endoloris, l'âme libérée.

Je n'en revenais pas de mon exploit personnel. J'étais partie toute seule, à pied, pendant trois semaines. J'avais tout supporté, la solitude, la douleur physique, l'inconfort des gîtes. J'avais connu les états limites lorsque devant le sublime, le grandiose, l'âme et l'esprit croissent, que la conscience est débordée.

J'avais été noyée dans une expérience sensible, nourricière, qui m'avait fait dépasser mes limites physiques et spirituelles.

Quel accroissement de l'être ... je me sentais différente, habitée par un souffle nouveau. J'avais révélé mon être profond, qui tournait en rond, sous la poussière du passé et du quotidien.

Une confiance nouvelle m'animait. L'idée d'une renaissance faisait me sentir pleine d'énergie, avec l'envie d'accomplir de belles choses. J'avais découvert toute la puissance d'un brin d'herbe, dans mon face-à-face avec l'univers et avec moi-même.

Et toujours, ce mouvement, qui ne doit pas s'arrêter, qui doit s'enchaîner, sans jamais me quitter.

J'avais parcouru deux cent cinquante kilomètres avec mes pieds, j'en avais fait faire encore plus à mon âme et à mon esprit. Je ne pouvais même pas vraiment me représenter le véritable chemin spirituel parcouru.

Il fallait que tout cela décante, j'étais le vin, versé dans une carafe et remué par une douce force centrifuge. J'allais voir quels dépôts encombrants étaient abandonnés au fond du verre et quel breuvage magnifique remontait à la surface.

Comme le poète dévoile avec ses vers, ce que les hommes ne voient pas, le philosophe révèle, aux êtres, ce que leur propre lumière dissimule.

La poésie et la philosophie se relayant, pour jouer sans cesse avec les effets de contraste, entre le clair et l'obscur.

Mon pèlerinage m'avait éclairci l'esprit. Je savais plus que jamais ce dont j'avais besoin.

Pour commencer, il fallait que je retrouve mon mari et mon fils. Nous nous étions donné rendez-vous devant Notre-Dame-Du-Puy, place du Foirail.

Le point de vue était magnifique, je surplombais toute la ville natale de Champollion, au pied de cette ancienne forteresse protestante.

Les retrouvailles furent émouvantes. Nous eûmes tous les trois l'impression que le temps s'était dilaté. Il s'était passé trois semaines, mais notre ressenti était au moins du double. Étrange sensation.

Je trouvai mon fils très changé, avait-il beaucoup grandi ou étaient-ce mes souvenirs qui me jouaient des tours ? Difficile à dire.

Les perceptions sont toujours si subjectives. Je redécouvris aussi mon mari, il était si heureux pour moi, si rassuré que tout se soit bien passé.

Il n'avait pas voulu me couper les ailes, mais il avait redouté mon projet, il l'avait trouvé presque insensé. Je le savais mais il ne me l'avait jamais exprimé clairement. Il avait deviné que c'était tellement important pour moi.

Je retrouvai ma région, ma ville et ma maison, avec le plus grand des bonheurs. Je les vis différemment. Tout était ré-enchanté.

Je passai plusieurs jours à coucher sur le papier tout ce que j'avais vécu. Pendant le pèlerinage, les émotions et les ressentis étaient si forts que je n'étais pas parvenue à écrire une ligne. Rien ne sortait du bout de mes doigts, tout se passait au bout de mes pieds, à la pointe des orteils.

J'avais digéré, repassé en boucle certaines scènes, je pouvais enfin les laisser continuer l'aventure, sur le papier.

J'établis un vrai journal, j'essayais d'être la plus précise possible dans mes souvenirs. Je compilai, jour par jour, tout ce que j'avais fait, vu, ressenti, découvert. Je poussai même la précision en rajoutant le nom de mes hébergements, le nombre de kilomètres parcourus par étape, la composition de mes repas, quand je m'en souvenais.

Il fallait que je garde une trace de mon exploit, c'était important de ne jamais oublier.

Je vivais un autre pèlerinage, celui des souvenirs, qui prolonge et rassure sur le chemin parcouru.

J'avais tellement marché que je m'étais totalement décentrée. J'avais changé d'axe de rotation, j'avais fait plus qu'une révolution.

J'étais un objet quelconque de l'univers qui avait entamé sa mutation. Marcher, bouger, remuer étaient les seules choses à faire.

Je n'étais plus la même à l'intérieur, mes actions étaient différentes, l'extérieur allait s'en apercevoir. Je commençai à m'en rendre compte. En initiant un mouvement personnel, tout mon univers changea.

Mes amis furent épatés par mon aventure et par les récits que je leur en fis.

Ils furent impressionnés et me regardèrent différemment.

Jeune maman, j'étais partie vivre une aventure solitaire, spirituelle, philosophique et poétique, je forçais l'admiration. Ils me savaient tenace et courageuse, mais pas à ce point. Certains m'avouèrent qu'ils avaient pensé que mon objectif était trop élevé et que je serais obligée d'abandonner. D'autres étaient mortifiés à l'idée qu'il m'arrive quelque chose, que je me blesse ou fasse une mauvaise rencontre.

Évidemment, ces pensées avaient été miennes, mais j'étais dans un état de confiance en moi absolu et au fil du chemin, tous ces doutes s'étaient dissipés, remplacés par mes découvertes et mes surgissements.

C'était difficile de leur raconter les sensations vécues à la hauteur de ma réalité. Il y a toujours cette déformation, cet appauvrissement de la sensation quand on la raconte. Le fait de mettre des mots sur un ressenti fait baisser l'intensité de celui-ci car les mots ne sont jamais précisément à la hauteur. Ils définissent, ils balisent, ils encadrent mais ils ne peuvent aller au-delà, ce qui est la définition précise d'une sensation – qui est par nature subjective et passe par le filtre sensible de celui qui la vit. Sentir, ressentir, c'est aller au-delà. Au-delà de soi.

Voir sur les autres l'effet que produisait le récit de mes pérégrinations me fit extrêmement plaisir. Je pris conscience de la valeur de l'exemple. Mes amis avaient des envies soudaines de défis, de grandeur et de changement.

Nous eûmes de nombreuses discussions à ce sujet. Je leur fis bien comprendre qu'il fallait prendre garde à ne pas imiter pour copier mais imiter pour trouver un vrai sens dans le déplacement.

Ce qui avait été bon pour moi ne l'était peut-être pas pour eux. Certes, il fallait être tout le temps dans le mouvement, mais dans un mouvement constructif, justement pas dans quelque chose qui n'est là que pour étourdir et faire diversion. Sinon, on se trompe précisément de mouvement, il n'y aura que du chaos au bout du chemin, de l'aigreur et de la culpabilité. Le mouvement doit avoir du sens, il doit être là pour servir quelque chose de plus grand. Le déplacement n'est pas le but, c'est juste le moyen de l'atteindre. Le but, c'est de se trouver soi, au bout du chemin, soi au milieu de quelque chose qui a du sens, pour soi. Avant de se trouver vraiment et de révéler son âme, il faut accepter de passer par une zone d'inconfort, accidentée, qui peut faire vaciller le projet de changement. Avant de trouver, il faut douter, il faut accepter de se perdre.

Nous eûmes de fabuleuses discussions philosophiques à ce sujet. Mon exemple avait suscité le débat, des interrogations personnelles et des questionnements collectifs.

J'avais réussi à créer un autre mouvement autour de moi ; se poser des questions constituait, déjà, un prélude au déplacement. L'esprit de mes amis se promenait, divaguait et cherchait, c'était un bon début.

Toutes ces discussions étaient passionnantes et me permettaient aussi de revivre et d'analyser toute mon aventure. Il se dessina en moi de nouvelles routes, elles devinrent très visibles.

Je voyais de plus en plus clair, j'avais la certitude de devoir créer moi-même mon emploi. Mon avenir professionnel passait par l'entrepreneuriat. Je ne voulais plus travailler pour quelqu'un, dépendre d'une hiérarchie et obéir à des commandements qui ne me ressemblaient pas ou qui ne faisaient pas sens pour moi.

J'étais bien trop électron libre dans l'univers formaté du salariat.

Finalement, le secteur des ressources humaines n'était pas mon plus grand problème. C'était plutôt l'articulation des synergies professionnelles et humaines. Ces deux mots n'étant pas toujours en harmonie, il fallait que j'allège les liens. C'est ainsi que la perspective de devenir mon propre employeur m'emballa totalement.

Plus de hiérarchie brutale et déconnectée, plus de collègues décevants et moutonniers, plus de structure inhumaine.

Je sus ce dont j'avais besoin au niveau de la forme, il fallait que je m'attelle au fond, que je trouve une activité que je puisse articuler avec ces nouvelles données.

Ma plus grande expertise se trouvait dans le secteur des ressources humaines, il fallait donc que je ne m'en éloigne pas trop. Le recrutement était un domaine qui m'avait toujours plu, le contact humain me séduisait.

Dans le secteur, difficile de faire sa place, j'étais encore un peu jeune pour être crédible en profession libérale et être considérée comme experte et conseil. Il y avait beaucoup de cabinets de recrutement sur le marché et des quinquagénaires free-lance qui travaillaient grâce à leur grande expérience et à leur carnet d'adresses bien fourni.

Il se dessina donc en moi des idées concernant des secteurs annexes au recrutement et plus particulièrement ceux autour de la formation.

Je décidai de lancer un projet autour d'une société de formation qui mettrait en adéquation la demande de formation d'une entreprise pour ses salariés et la formalisation du plan avec un formateur reconnu dans son domaine d'expertise.

La formation des salariés était une obligation légale, les entreprises ne pouvaient pas s'y soustraire, il y avait bel et bien un marché à capter.

Je créai ma société de formation, quelques mois après être revenue de mon pèlerinage, et je dus commencer par trouver des clients et des formateurs. J'avais pu me soustraire à la hiérarchie et aux collègues. Il fallait quand même que je trouve quelques alter ego qui seraient formateurs et quelques prescripteurs, les responsables ressources humaines des entreprises.

Finalement, j'allais gérer de la relation client car je voulais des formateurs autonomes, free-lance comme moi, capables de dérouler un contenu de formation, sur mesure, pour n'importe quel type de salariés et n'importe quelle activité.

Ils devaient juste être reconnus experts, dans leur domaine professionnel, par leur expérience et les postes occupés dans leur parcours.

Je commençai avec des amis qui étaient, eux aussi, dans l'envie de devenir indépendants et de se réinventer professionnellement. Ils étaient très motivés par mon activité et par les perspectives qui se dessinaient.

Mes amis et amis d'amis, connaissances, commencèrent à constituer un catalogue de formations intéressant et diversifié pour les entreprises.

Chacun ouvrant également son carnet d'adresses pour démarcher ses connaissances, ex-collègues et contacts dans le poste très demandé de responsable des ressources humaines.

La prospection commerciale constitua la plus grande part de mon travail. Il fallait sans cesse trouver de nouveaux clients, de nouveaux marchés. Il fallait se faire connaître, convaincre les D.R.H. du sérieux et du bien-fondé d'un projet de formation, mené par mes équipes.

Je pris mon bâton de pèlerin pour démarcher les services formation des entreprises. Notre compétence territoriale était nationale, nous étions capables d'organiser des séminaires de formation, partout en France, dans les locaux des entreprises ou ailleurs, dans un lieu neutre, suivant la thématique de formation.

Ce travail de prospection était énorme, chronophage mais tellement essentiel à l'activité.

Les formateurs constituaient une petite bande sympathique qui était devenue multicartes, avec toute la souplesse que leur statut permettait. Mes amis arrivaient à bien gagner leur vie. Ils vivaient cela comme une vraie aventure personnelle.

Nous reparlions souvent de mon pèlerinage, mon aventure était tenace dans les mémoires. Je me rendais bien compte qu'ils m'avaient suivie dans l'aventure de ma société parce que je les avais impressionnés.

Ils s'étaient mis à me voir différemment, à m'envisager autrement, ils m'avaient fait confiance. J'étais devenue une inspiration, un mouvement positif, la jeune maman était devenue cheffe d'entreprise. Ils voulaient marcher dans mes traces et espéraient profiter de ma nouvelle aventure, pour se mouvoir, un peu, eux aussi.

Le cercle était vertueux, la société se développait bien. J'étais la cheffe d'orchestre de ces synergies positives.

Cette nouvelle aventure personnelle m'avait encore confortée dans mon mouvement, j'étais bien, épanouie. Elle m'avait encore apporté de la confiance en moi et de l'harmonie. Les effets de mon pèlerinage continuaient à diffuser en moi de la sagacité, de la cohérence et du sens.

Je trouvais enfin un épanouissement personnel dans mon activité professionnelle.

Quatrième mouvement

Parcours initiatique

Mon travail me prenait beaucoup de temps mais il était passionnant.

Mon entreprise venait de fêter sa première année d'activité, tous les signaux étaient au beau fixe. Je profitais de ma nouvelle vie professionnelle. J'étais si fière du travail accompli.

Les mois s'enchaînèrent à une vitesse incroyable, je ne voyais pas le temps passer tant j'étais absorbée par mon activité et par le plaisir que je prenais.

Je me trouvais quand même de plus en plus fatiguée. Le rythme était soutenu et je commençais à ne plus trop le soutenir, justement. Je m'endormais de plus en plus tôt mais je n'arrivais pas à me lever le matin. L'heure du déjeuner était aussi redoutable, une irrépressible envie de faire la sieste me saisissait.

Je commençai à me poser des questions sur mon état, rapidement je trouvai la réponse.

J'étais tout simplement enceinte. Nous avions, mon mari et moi, l'envie d'avoir un deuxième enfant. Nous nourrissions ce projet, mais je ne pensais pas qu'il se réalise aussi vite. Il fallait que je m'organise rapidement, que je réfléchisse à tout un tas de considérations logistiques, administratives et commerciales pour mon entreprise.

Je n'étais pas inquiète, j'étais juste enceinte, pas malade, ni au bord de l'agonie, il n'y avait donc aucune raison de s'angoisser.

Je m'absenterais au dernier moment, je n'étais pas vraiment tenue de respecter à date mon congé maternité, car j'étais mon propre employeur.

Si j'étais en forme, je pouvais espérer travailler de chez moi et presque jusqu'au bout.

Idem pour la reprise, après l'accouchement je prendrais quelques semaines et si tout se passait bien, je pourrais travailler de chez moi et gérer les urgences professionnelles.

Je n'étais pas la première femme, entrepreneure, à tomber enceinte et à pouvoir mener de front une grossesse et une gestion de société. Cela n'allait pas être de tout repos mais avec un peu de méthode et de bonne volonté, j'y arriverais.

Tout me sembla finalement assez simple à mettre en place. Je fus rassurée et je dus trouver rapidement un gynécologue pour obtenir ma première consultation.

Je choisis un nouveau médecin car ma précédente gynécologue était partie à la retraite. J'en trouvai un, situé à côté de chez moi, et à deux pas de mon entreprise. Une bénédiction.

J'eus un rendez-vous la semaine d'après, je rencontrai pour la première fois le médecin qui allait me suivre jusqu'à l'accouchement. J'arrivai en avance et j'en profitai pour découvrir le cabinet que je ne connaissais pas.

Il y avait une grande salle d'attente, remplie de magazines en tout genre et de petits livrets, édités par les laboratoires, sur la grossesse, la famille et la santé des mamans. Le décor me ramena en arrière, trois ans et demi avant. Je m'étonnai que plus de trois années soient passées depuis mon premier accouchement. J'eus l'impression de revivre les mêmes scènes et que tout s'était déroulé le mois dernier.

Mais non, des années avaient filé à toute vitesse, j'avais fait plein de choses, un projet et un changement professionnel, une aventure à pied de deux cent cinquante kilomètres en solitaire. Tout paraissait si incroyable.

Les salles d'attente de gynécologue se ressemblent beaucoup. Toutes différentes mais toutes semblables. Elles ne laissent aucun souvenir qui ne soit impérissable, elles sont interchangeables. Elles ne sont que des entre-deux, on les traverse et on les oublie bien vite. En même temps, elles ont toujours quelque chose de familier, on s'y sent presque chez soi.

Je fus amusée par ma réflexion. Je me sentis bien entre ces murs.

Le médecin m'accueillit avec un petit quart d'heure de retard.

Le contact fut excellent. Il était très sympathique, très à l'écoute. Je le trouvai également très compétent. Il avait passé un diplôme universitaire supplémentaire qui le spécialisait en échographie fœtale.

Il m'examina et confirma la grossesse. J'étais enceinte de deux mois.

Il évalua le terme et m'indiqua que ce serait pour l'été, à la mi-juillet. Cette perspective me réjouissait, quel bonheur d'accoucher pendant un mois de vacances. Je pensais que la période était idéale car beaucoup d'entreprises sont fermées ou réduisent leur activité pendant les congés estivaux, les salariés partent en vacances, ils ne sont plus disponibles pour suivre des formations. Je n'aurais aucun mal à pouponner au lieu de travailler.

Je repartis chez moi sereine et heureuse. Les semaines défilèrent comme à l'ordinaire – très vite car j'étais très occupée.

Je commençai à informer mes partenaires, pour gérer au mieux les futurs plannings et pour anticiper les grosses formations.

Tout le monde était très heureux pour moi, cette bonne nouvelle mit une ambiance encore plus positive dans l'entreprise.

Il y avait un air de nouvelle aventure, de création, de nouveauté qui soufflait dans les couloirs de la société.

Ma grossesse se déroulait extrêmement bien, la fatigue des premiers mois avait laissé la place à la plénitude et à la joie.

J'étais très en forme, je me sentais revigorée. Une petite vie grandissait en moi et je ne cessais de trouver cette idée formidable. Quel incroyable corps humain, quel incroyable corps féminin.

Je n'avais aucun désagrément lié à la grossesse, je ne prenais pas trop de poids, c'était parfait. Je me sentais même mieux, plus en forme, que pour ma première grossesse.

Je me dis que c'était vraiment une chance d'avoir une grossesse idéale, compte tenu de mon activité et des enjeux qui en découlaient.

Je continuai ma prospection commerciale, j'étais habitée d'un nouveau feu. Je m'arrangeai pour faire un peu moins de voiture, je dus redéfinir un peu ma zone de rendez-vous. Je m'arrangeai pour être dans une sphère plus départementale que régionale. Je redécouvris des territoires avec des entreprises que je n'avais pas prospectées jusqu'alors.

Recevoir une femme enceinte en rendez-vous créait toujours le lien et attirait confiance et sympathie. Je m'aperçus des vertus psychologiques de la situation sur mes prospects. Il fut plus facile de susciter l'intérêt et de les convaincre de faire appel à ma société pour organiser le plan de formation de leur entreprise.

J'avais l'impression d'avoir un totem d'immunité en ma possession, rien ne pouvait m'arriver, tout ce que je faisais fonctionnait parfaitement. J'étais dans la plus grande cohérence, sûre de moi, et confiante en l'avenir.

Je n'avais jamais autant ressenti le contentement absolu lorsque tous les pans de la vie sont au beau fixe. Ce moment où tout ce que vous souhaitez le plus au monde se réalise et s'incarne dans un ensemble de réalités, constitué de petits miracles individuels.

Vous ne désirez plus rien car à cet instant, vous avez tout. Tout était là, tout ce dont j'avais besoin. J'étais comblée.

Je me rendis à ma deuxième échographie, j'étais enceinte de cinq mois. Je retournai chez mon gynécologue et dans cette salle d'attente, si familière. Je n'eus le temps que de balayer rapidement du regard la pièce, à peine le temps de m'asseoir.

Il était à l'heure, cette fois-ci.

J'étais toute excitée de faire ma deuxième échographie, j'allais peut-être avoir la chance de connaître le sexe de l'enfant. En théorie, c'était le bon moment. Si le bébé était bien positionné, ce serait facile.

Cette échographie était très importante, elle permettait de diagnostiquer beaucoup de malformations et de vérifier la croissance de l'enfant.

Le médecin prit son temps, il passa lentement la sonde sur mon ventre arrondi. Il me commenta ce qu'il voyait, prit différentes mesures importantes, des photos avec arrêts sur écran.

Je baignais dans un clair-obscur de sensations. Je l'écoutai mais ne vis rien. Les dégradés de gris de l'échographie ne constituaient rien de très évident pour moi.

Tout ce qu'il me disait était rassurant, les mesures étaient tout à fait dans les normes, les organes étaient bien visibles et parfaitement en place, le bébé grandissait bien et c'était une fille. Cette nouvelle me ravit.

Il s'attarda sur la mesure de la clarté nucale. Là encore, le bébé était dans la norme, rigoureusement. Il n'y avait rien de préoccupant.

J'étais ravie, heureuse et rassurée. Je venais de voir les contours de mon bébé – instant tellement magique. Il me prescrivit une prise de sang à faire pour compléter l'échographie, une recherche des marqueurs sériques.

Je lui demandai de quoi il retournait car je ne me rappelais pas avoir pratiqué ces examens pour ma première grossesse.

Il m'expliqua que c'était pour le dépistage de la trisomie 21. La prise de sang visait à doser des marqueurs, qui, combinés à mon âge, évaluaient un risque. Je m'étonnai d'un tel besoin car j'avais trente-deux ans et la clarté nucale était parfaite :

— Docteur, êtes-vous sûr que ce soit nécessaire ?
— Ce n'est nullement obligatoire, mais c'est un examen que l'on conseille maintenant, même aux femmes jeunes.
— Ah bon, très bien et le résultat signifie quoi, exactement ?
— C'est une valeur statistique qui ressort. Si vous avez 1/600, vous êtes à un risque très faible d'avoir un enfant porteur de trisomie et si vous avez 1/30, cela signifie que vous avez un risque très élevé.
— Oui, je comprends, si j'ai une chance sur six cents, il y a 599 chances sur 600 qu'il ne soit pas porteur de trisomie et si en revanche, j'ai une chance sur trente, le bébé a un peu plus de 3% de chances d'être porteur, ce qui est beaucoup !
— Exactement ! Mais ne vous inquiétez pas, les risques élevés ne concernent en général que les femmes qui ont quarante ans et plus.
— Oui mais les statistiques sont toujours l'expression d'une vérité qui tombe toujours sur quelqu'un ! Il n'y a rien de toujours logique et prévisible.

— Pas d'inquiétude, on fait juste cet examen pour vous rassurer.

Je sortis du cabinet un peu contrariée. Je ne comprenais pas que l'on établisse des statistiques qui étaient par nature biaisées et sans réelle valeur. À quoi servait cette nouvelle analyse si ce n'est à me faire douter ? Je n'avais jamais pensé auparavant à un dépistage de ce type, c'était en effet, pour moi, une préoccupation de femme de plus de quarante ans.

Je me pliai à l'exigence du professionnel de santé et m'exécutai dans la semaine.

Avant d'aller travailler, je me rendis dans le laboratoire qui se situait à côté de chez moi.

La salle d'attente du laboratoire était assez semblable à toutes celles que j'avais déjà traversées dans ma vie.

Je souris à cette pensée qui, décidément, ne me quittait pas en ce moment.

Il y avait aussi des livrets pour la grossesse, de la même collection que celle de mon gynécologue.

Les visiteurs médicaux de la région avaient inondé les professionnels de santé de leurs magazines gratuits.

Un dépliant attira mon attention. Il était plié en trois, façon accordéon. Il y avait exactement le même chez mon gynécologue. Jusqu'à maintenant, je ne l'avais pas regardé, il ne m'avait pas semblé important.

Mais, aujourd'hui, une irrépressible envie de le lire me tenaillait. Il parlait justement des fameux marqueurs sériques. Je le pris en main et commençai à le lire lorsque la préleveuse m'appela. C'était mon tour.

La prise de sang dura deux minutes, je ne sentis rien. Piqûre indolore.

Je repartis travailler, le dépliant à la main. En arrivant au bureau, j'en finis la lecture. Il n'y avait rien de plus que ce que je savais déjà. Je jetai à la poubelle le triptyque informatif.

Quelques jours après, les résultats arrivèrent et je pus constater qu'il n'y avait effectivement rien à redouter. Ma statistique était de 1/666. J'avais donc une chance sur six cent soixante-six d'avoir un enfant porteur de trisomie 21, soit environ 99,8% qu'il soit en parfaite santé.

J'étais au-delà de la statistique optimiste. Je m'étais un peu angoissée pour rien avec ces histoires de dépistage. Tout ça pour ça, pensais-je intimement.

Mais il valait toujours mieux en avoir le cœur net et ne pas rester avec des doutes dans la tête.

Trois mois passèrent, je continuais à travailler avec forme et envie. Ma grossesse était une grossesse de rêve, j'alliais dynamisme et prise de poids raisonnable, conditions nécessaires pour continuer à me mouvoir et à bouger agréablement. J'étais une future maman dynamique, une cheffe d'entreprise volontaire. Tout était si merveilleux sous mes cieux.

J'approchais du huitième mois de grossesse, j'allais devoir passer ma troisième et dernière échographie. Elle était aussi très importante car elle permettait de voir si le bébé était bien positionné, s'il s'était déjà retourné et si l'accouchement qui se profilait semblait s'établir sous les meilleurs auspices.

Je pris rendez-vous chez mon gynécologue, je connaissais maintenant les lieux par cœur. J'attendis comme à mon habitude dans la salle d'attente et je m'aperçus que j'étais assise à la même place que la dernière fois, au même endroit pour les trois fois. Je me trouvais bien statique dans ma routine, peut-être un peu trop ritualisée.

Cette attitude ne me ressemblait pas. Je souris intérieurement en pensant qu'une femme enceinte avait besoin d'être rassurée.

Cet état ne durerait pas, la délivrance était proche. J'avais ensuite bien d'autres aventures à vivre.

J'avais d'ailleurs un projet de diversification de marchés pour mon entreprise. Il faudrait que je me penche sur ce futur projet qui ferait grossir ma société, après l'accouchement.

Que de perspectives réjouissantes.

Je remarquai qu'il y avait des nouveaux magazines sur la table de la salle d'attente.

Les visiteurs médicaux étaient passés. Une pile attira mon œil et retint mon attention.

C'était un mensuel gratuit, édité par un laboratoire. Celui du mois de mai, qui était à disposition, traitait d'un dossier spécial sur la trisomie 21.

Je me dis que, décidément, le sujet était d'actualité. J'avais le don pour tomber sur cette problématique, alors que je n'étais pas concernée. Je n'avais jamais fait autant attention au sujet auparavant.

C'est étrange comme parfois, il flotte dans l'air une curieuse coloration d'impressions successives qui semblent appeler et ouvrir les champs de votre perception. Quelque chose en soi appelle, mais cette fugacité, impalpable, disparaît rapidement pour ne pas être capturée. On ne peut la retenir, on n'est jamais très sûr de la ressentir vraiment, c'est proche du fantasme et en même temps si réel. C'est une ombre qui passe, un oiseau qui vole au ras de l'océan et qu'on ne peut retenir. C'est une étrangeté qui nous saisit, sans motif réel et sérieux, qui nous fait douter de notre rationalité, qui peut même nous convaincre d'une sérieuse tendance paranoïaque.

C'était un mouvement étranger à ma raison, c'était un langage incompréhensible qui semblait appartenir à un autre espace-temps. Je chassai bien vite ces considérations qui me perturbaient. Mon gynécologue vint me chercher, c'était l'heure de ma consultation.

Il était toujours aussi sympathique et de bonne humeur. Je m'installai et pris place, pour passer l'examen.

Les choses étaient en place, le bébé était déjà retourné, en position, tête en bas, vers la sortie. C'était une excellente nouvelle, de plus il n'était pas trop bas, ce qui laissait présager encore de bonnes semaines de croissance dans le ventre maternel. L'accouchement ne risquait pas d'être un peu prématuré.

Le cœur battait très régulièrement, au rythme adéquat, un vrai coucou suisse. Tous les indicateurs continuaient à être au vert. Je me dis que ce bébé était fantastique, il faisait tout correctement et n'avait même pas rendu malade sa maman. Au contraire, je ne pensais pas qu'une grossesse aussi épanouissante soit possible.

Je repartis gaiement du cabinet, mes clichés d'échographie sous le bras. J'avais vraiment bien vu le profil de mon bébé, à huit mois c'était encore plus émouvant de contempler l'œuvre de la nature. L'enfant n'est pas encore né, mais il est parfait, entièrement façonné, c'est un petit humain bien reconnaissable.

Je repartis en direction de mon bureau, j'avais des dossiers à prendre, avant de rentrer chez moi. J'avais envie de me reposer, mais pour préparer mon futur projet de développement de ma société, je devais travailler sur des documents comptables.

Je fis juste un crochet, j'en eus pour dix minutes.

Je pris les dossiers dont j'avais besoin pour travailler chez moi puis je repartis aussitôt, en direction de la maison.

Sur le trajet du retour, je m'arrêtai à un feu rouge et les yeux dans le vide, je laissai mon esprit divaguer, je me relaxai en ne pensant à rien.

Avant que le feu ne repasse au vert, je repris mes esprits et commençai à passer la première, un pied sur le frein et l'autre sur l'embrayage.

J'étais aux aguets, je voulais démarrer la première, un camion me serrait à gauche et me cachait la visibilité. Je voulais vite m'en débarrasser.

J'étais à un important carrefour, le feu était très long. Je regardais fixement le feu, prête à accélérer.

Soudain, le petit bonhomme vert des piétons passa au rouge et un retardataire traversa au pas de course. C'était un jeune homme, d'une vingtaine d'années, atteint de trisomie 21.

Cette vision me pétrifia. Le feu passa au vert. Je calai au milieu avec ma voiture.

Pendant quelques secondes, je ne sus plus conduire, submergée par cette loi des séries qui semblait me poursuivre. Ma réalité statistique dépassait toutes les fictions que j'aurais pu écrire. Ma réalité avait cette portée irréductible et singulière que seule une mauvaise blague pouvait contenir.

Je fus secouée d'un effroi épouvantable. Je me sentis être le jouet d'un jeu subtil, pervers et totalement irrationnel. Pourquoi étais-je si étrangement épouvantée ?

C'était délirant, j'étais complétement délirante. Pourquoi ces hasards résonnaient en moi, de cette façon ?

Je redémarrai et essayai de me calmer, me disant qu'il était tout à fait normal d'être tombée sur des informations médicales qui parlaient de la trisomie, précisément dans un cabinet médical et de surcroît chez un obstétricien. Il n'y avait rien d'étonnant ou d'ésotérique là-dedans, idem pour le laboratoire d'analyses.

Il ne fallait pas voir des synchronicités partout et des manifestations obscures à tous les coins de rue. Les hormones devaient véritablement me perturber, j'étais débordée par des manifestations émotives fantaisistes.

Il était temps que j'accouche, que je retrouve mon état normal et recouvre ma santé mentale.

Ce jeune homme qui traversait la route n'était qu'un hasard comme un autre, il aurait tout aussi bien pu être une personne âgée, un couple, une femme avec un chien, tout ce qui constituait la diversité humaine et urbaine.

Les jours qui suivirent furent emprunts de doutes et de tourments. J'étais de moins en moins sereine. C'était étrange.

Ce rationalisme que je m'efforçais de cultiver ne prenait pas en moi. C'était trop tard, la machine à fabriquer des fictions était en route. Une fois lancée, l'idée obsédante trottait dans ma tête, à intervalles réguliers ; il m'était impossible de l'arrêter.

J'avais toujours pensé que l'ordonnancement rigide du monde n'était peut-être pas la réalité.

Que toutes ces choses – qui arrivaient par hasard et qui n'obéissaient à aucun lien de causalité – pouvaient sans doute être la manifestation d'un destin ou les balises d'un chemin qui commençait à se dessiner et à s'écrire.

Quand une narration était en place, une nouvelle réalité pouvait dépasser la plus grande des fictions.

Là où les lois de la causalité sont absentes, les lois d'airain de la réalité vacillent. Moi qui étais si sensible aux détails, à l'insignifiant et au dysfonctionnement passé inaperçu, je ne pus m'empêcher de redouter, dans un coin de mon esprit, ce qui allait se produire.

Je partis pour la clinique dès les premières contractions. Je perdis les eaux dans la foulée. Le terme était prévu pour la mi-juillet, nous étions à la mi-juillet.

Avec la précision d'un coucou suisse, ma fille se présenta au bon moment et en bonne position, tête la première.

L'accouchement fut très rapide, le bébé était de petit gabarit, ce qui facilita grandement le travail. Mon accouchement fut un rêve pour toute parturiente.

La sage-femme me posa ma fille tout de suite dans les bras, enroulée dans un champ opératoire stérile. Elle était très belle, toute rose, elle n'avait pas souffert lors de la délivrance.

Je la regardai attentivement et ne pus m'empêcher d'être rassurée devant ce spectacle de la vie. Elle avait bien deux bras, deux jambes, deux mains et deux pieds. Elle ne pleurait pas, elle était très calme.

La sage-femme me la laissa quelques minutes et repartit avec elle, pour les soins.

J'étais très sereine et très heureuse. Un long moment passa, je ne savais pas depuis combien de temps j'avais accouché, je n'avais plus aucune notion du temps.

La sage-femme rentra de nouveau dans ma chambre et me demanda où était mon mari. L'accouchement avait été si rapide que j'avais eu à peine le temps de le prévenir avant de partir à la clinique. Il devait s'organiser pour quitter son travail et me rejoindre, persuadé qu'il avait plusieurs heures devant lui.

Je n'avais pas pu le rappeler depuis, j'attendais donc qu'il arrive.

La sage-femme m'indiqua que ma fille était avec le pédiatre de service, qu'il l'examinait et qu'il me la ramènerait ensuite, en chambre.

Mon mari arriva, une heure après l'accouchement. Il avait bataillé dans les embouteillages, il était tout excité.

Il m'embrassa et me demanda où était la petite. Je n'eus pas le temps de répondre, le pédiatre et la sage-femme pénétrèrent dans la chambre, en poussant le berceau en plastique transparent dans lequel était installée Valentine.

Le pédiatre avait son masque de soin sur le visage, on ne distinguait que son regard.

On aurait dit qu'il sortait du bloc opératoire, drapé dans sa blouse vert clair, son calot vissé sur la tête et son masque qui lui barrait le visage.

Nous eûmes à peine le temps de le saluer et il commença à nous parler, posté droit comme un i, devant mon lit :

— Nous avons un problème avec Valentine.
— Comment ça un problème ?
— Nous pensons qu'elle est porteuse de trisomie.

Nous nous regardâmes, mon mari et moi, complétement déboussolés par ce que nous venions d'entendre. Avait-on, d'ailleurs, vraiment bien entendu ?

Je commençai à me sentir mal, le sol se dérobait sous mes pieds. J'articulai de manière essoufflée :

— Vous parlez de la trisomie 21 ?
— Oui, vous connaissez cette particularité ?

Nous acquiesçâmes de la tête, tous les deux, complétement sonnés.

— Nous ne pouvons être totalement sûrs, mais il y a de fortes présomptions. Seul un caryotype pourra dire avec certitude si c'est bien le cas.

Nous fondîmes en larmes, dans les bras l'un de l'autre. Non ce n'était pas possible, cela ne pouvait pas être vrai. Ma grossesse avait été merveilleuse, tous les signaux au vert, toutes les mesures parfaites, dans les normes, je n'avais que 0,2% de chances d'avoir un enfant porteur de trisomie. Non ce n'était pas rationnel, ce n'était pas possible.

Entre deux sanglots, je réussis à faire une phrase.

— Mais, mais, vous vous trompez, les échographies n'ont rien montré. Tenez, il y a mon dossier de suivi de grossesse sur la table.

Le pédiatre n'avait pas quitté son masque durant toute la conversation, il se protégeait. Ce moment était une épreuve pour tout le monde. La sage-femme était assise au fond de la chambre, elle n'osait plus bouger.

Le pédiatre se saisit du dossier médical et commença à éplucher les échographies et toutes les mesures effectuées pendant les neuf mois.

Il relut plusieurs fois les notes et ne trouva rien à redire. Effectivement, tout était dans la norme, tout était parfaitement normal. Il n'y avait rien à voir et rien à redire.

Il nous expliqua que, néanmoins, il maintenait son diagnostic. Selon lui, Valentine était trisomique 21, il fallait nous préparer à cette certitude.

Elle n'avait pas pleuré, elle était un peu hypotonique alors qu'elle n'avait nullement souffert durant l'accouchement. Tout cela constituait un faisceau d'indices.

De plus, il avait l'habitude des nouveau-nés et de leurs traits parfois étranges mais le sens des plis des yeux de Valentine ne semblait lui laisser aucun doute.

Il reconnut que cela pouvait sembler invisible pour les non-initiés car le morphotype était discret en l'espèce, mais le professionnel qu'il était ne pouvait pas passer à côté.

Cette assertion sonna comme une sentence.

Mon mari apostropha le pédiatre, je n'avais plus la force de parler et de penser.

— Docteur, ce genre de cas c'est fréquent, sans aucun signe, rien ?
— Non, c'est très rare mais ça arrive, statistiquement c'est d'une rareté absolue. Il peut toujours y avoir de faux négatifs comme de faux positifs d'ailleurs. Aucun test à ce jour n'est fiable à 100%.

Il nous prévint qu'il faudrait s'armer de patience, car l'établissement d'un caryotype était très long. Au moins une semaine, en le demandant en urgence à un laboratoire spécifique.

Le monde s'effondrait sous nos pieds. C'était un cataclysme, une douleur abyssale commença à me ronger le cœur et l'âme.

Avant de nous quitter, le pédiatre nous précisa qu'il faudrait faire également toute une batterie d'examens pour voir si Valentine était porteuse de malformations croisées, liées à sa trisomie. Elle allait devoir passer des échographies, des radiographies et faire diverses prises de sang pour vérifier tous ces organes et pouvoir anticiper les dysfonctionnements pour traiter les pathologies qui apparaîtraient.

Le pédiatre mit fin à l'entretien, en nous disant que de toute façon, Valentine était un enfant comme un autre, qui avait besoin de manger, de dormir et de l'amour de ses parents.

J'avais cent mille questions en tête, des questions épouvantables et il nous laissait là, comme ça, dans cette chambre de clinique, qui était soudainement devenue sinistre, avec ma fille dans son berceau en plastique.

Je ne pouvais plus bouger de mon lit, j'étais prostrée.

Les trois jours suivants furent des jours d'examens pour Valentine. Je me rendis avec elle à tous les étages de la clinique pour les effectuer.

C'était éprouvant et très stressant. Qu'allait-on encore nous annoncer ?

Le prélèvement en vue de l'établissement du caryotype était parti au laboratoire spécialisé, nous attendions toujours fébrilement.

Plus je regardais ma fille et moins je comprenais ce qu'on nous avait annoncé. Quand elle était près de moi, elle m'apaisait. J'avais sous les yeux un bébé qui ressemblait à mon premier enfant. Je ne voyais pas de traits trisomiques. Pourtant, j'étais secouée régulièrement par des crises d'angoisse et de larmes. Preuve sans doute que je savais mais ne voulais pas me l'avouer.

Je n'eus pas à attendre longtemps les résultats de ces examens organiques. Les médecins les interprétèrent immédiatement et les commentèrent au coup par coup.

Il n'y avait pas de malformations cardiaques, viscérales ou digestives, pourtant si fréquentes en cas de trisomie.

Valentine ne ressemblait pas au tableau classique. Elle était vraiment extraordinaire.

Valentine avait déjà trois jours et je ne faisais que pleurer, toute la journée, à la maternité. Je restais dans mon lit, je ne faisais rien et je pleurais toutes les larmes de mon corps.

Je n'avais jamais pleuré comme ça, c'était un mélange de rage et de désespoir. J'étais en colère, terriblement en colère. J'en voulais à la terre entière.

Pourquoi ça m'arrivait à moi, qu'avais-je fait pour mériter cela ?

Devant ma détresse, une sage-femme me proposa de voir la psychologue de la clinique. Je refusai catégoriquement, disant qu'elle ne pouvait rien faire pour moi, à moins d'effacer la trisomie des cellules de ma fille. Visiblement, cela n'était pas dans ses compétences, donc je n'avais pas besoin d'elle.

Le matin du quatrième jour, une situation étrange et terrifiante se produisit.

J'étais dans la salle de bains de ma chambre, Valentine dormait tranquillement dans son berceau en plastique. J'étais en train de me brosser les dents, penchée au-dessus de la vasque du lavabo.

Alors que je relevais la tête pour me regarder machinalement dans le miroir de la salle de bains, je me vis, telle que je ne me connaissais pas, je ne me reconnus pas.

Pendant quelques secondes, l'image que je perçus dans la glace n'était pas moi. J'étais en face d'une étrangère, ce surgissement soudain m'épouvanta.

J'eus un mouvement de recul.

Qu'était-il en train de se passer ? J'étais très inquiète pour ma santé mentale. Je débloquais complètement, j'étais en train de devenir folle.

Nous avons tous une représentation mentale de notre corps et de nous-même. Cela se construit très jeune, vient progressivement et par morceaux. Vers deux ans, un enfant se reconnaît, avec certitude, dans un miroir. L'acquisition du schéma corporel mature doucement et entérine définitivement la notion de soi.

Ce que j'étais en train de vivre était surréaliste, le temps d'un battement de cils, je n'avais plus eu accès à mon image de référence, mon cerveau s'était bloqué. Je ne voyais pas comment expliquer autrement cette situation.

Pendant un court instant, j'avais eu devant mes yeux horrifiés une personne qui avait des traits trisomiques. C'est comme si je savais que c'était moi car qui d'autre ? Mais que j'avais tellement changé d'apparence, que je n'étais pas en capacité de me reconnaître. C'est comme si je m'étais transformée pendant quelques secondes, puis que j'étais redevenue moi.

Cette expérience me fit froid dans le dos et me bouleversa. Je n'osais plus croiser un miroir, de peur que cela se reproduise.

Je décidai d'en parler à la psychologue de la clinique. Cet évènement était le signe que je n'allais pas bien du tout, c'était trop grave pour ne rien dire. Je devais en parler absolument.

Je pris le chemin du bureau de la psychologue pour solliciter un rendez-vous. Elle avait entendu parler de moi dans la clinique, ce n'était pas tous les jours qu'il y avait la naissance d'un enfant extraordinaire.

Elle me proposa de me recevoir tout de suite, elle avait un moment pour moi.

Je lui racontai mon expérience un peu limite, tendue par ce que je venais de vivre et par la crainte de ce qu'elle allait m'annoncer sur ma santé mentale.

Les choses ne se passèrent pas du tout comme je les avais imaginées.

— Madame, tranquillisez-vous, tout va bien, cela n'est absolument pas le signe de la folie.
— Que s'est-il passé alors ? Vous n'avez pas l'air étonné ?
— Il y a quatre jours votre fille est née, telle que vous ne l'attendiez pas. Vous avez subi le choc de l'annonce. Encaisser ce genre de réalité ne se fait pas comme ça. Chacun a sa façon de réagir et les armes psychiques qu'il possède pour soulager la douleur ressentie. Tout cela est très variable. Ce que je peux vous dire, c'est que vous venez de démontrer une très grande résilience.
— C'est-à-dire ?
— Cette manifestation qui semble folle et irréelle, votre cerveau l'a construite pour vous soulager, pour atténuer votre douleur. Vous ne pouvez pas changer votre fille et vous le savez. Vous devez donc l'accepter et c'est précisément ce que vous avez fait. Vous avez fait un pas vers elle, en devenant comme elle, symboliquement. Vous vous êtes mise à son niveau. Pendant quelques secondes, vous étiez trisomique.
— C'est incroyable, c'est dingue !
— C'est le signe de l'acceptation absolue. Vous n'en avez peut-être pas encore vraiment conscience, mais vous avez déjà accepté votre fille. Vous avez accepté sa différence et quelque part, les chemins qui vont se dessiner à présent, pour vous et votre famille.
— Je ne pensais pas que ce soit possible, ce genre de choses. Je ne sais plus quoi dire...
— Ne doutez pas de vous, de votre amour pour votre fille. Je ne suis pas inquiète. Vous semblez avoir les ressources nécessaires. Si vous en avez besoin, vous pourrez continuer à venir me voir, même après votre sortie de la maternité.

Ce face-à-face avec la psychologue m'avait fait beaucoup de bien. Je l'avais redouté mais ces mots m'avaient calmée et redonné de la force.

J'étais très éprouvée mais je commençais à ressentir une toute petite joie, au fond de moi. De nouveaux chemins allaient donc se dessiner pour moi et ma famille.

Le lendemain, jour du départ de la clinique, nous reçûmes le résultat du caryotype de Valentine. Le diagnostic était confirmé, elle avait bien dans chacune de ses cellules, trois exemplaires du chromosome 21, au lieu de deux.

C'était sans appel, sans contestation possible. Il n'y avait plus rien à dire, plus rien à espérer d'autre. Il fallait maintenant avancer, ensemble, découvrir une autre réalité, celle du handicap.

Nous allions devoir marcher tous ensemble, tous les quatre, créer de nouvelles voies, de nouvelles marges et nous enfoncer dans l'inconnu. Une nouvelle aventure de vie débutait, il fallait l'affronter, il n'y avait pas moyen de s'y soustraire.

La vie nous demandait d'aller sur des chemins inconnus, escarpés, sans carte, ni boussole. Il allait falloir se débrouiller et ne pas s'arrêter de cheminer.

Une fois rentrée chez moi, entre mes murs et à l'abri dans mon univers, je ressentis le besoin d'aller voir le gynécologue qui m'avait suivie durant ma grossesse.

Il était déjà forcément au courant, ce genre de réalité médicale s'échange vite entre professionnels.

J'appelai son cabinet et pris rapidement un rendez-vous avec lui. J'avais besoin de lui parler, d'échanger, j'avais besoin de mots, de phrases à inscrire durablement dans mon cerveau.

Je me rendis au rendez-vous, sans Valentine, je ne voulais pas la mêler à cette discussion, elle était pourtant au cœur de l'entretien sollicité, mais paradoxalement, ce n'était pas elle le problème. Je ne voulais pas non plus l'avoir sous les yeux au moment de nos échanges, vision trop affective de la problématique.

Je reconnus parfaitement la salle d'attente, rien n'avait bougé. En même temps, il ne s'était passé que deux mois depuis ma dernière visite. Le temps me paraissait si dilaté. En quelques minutes, j'avais traversé un autre espace-temps, j'avais été projetée, tête la première, dans une autre dimension, dans un présent-futur difficilement concevable.

Les heures étaient devenues des jours entiers et les journées d'interminables mois passés. Je n'avais plus d'assise temporelle, ma pendule interne était comme brouillée, tout était sens dessus dessous.

Je voulus, comme à mon habitude, m'asseoir au même endroit, mais au dernier moment, mes pas me portèrent à l'opposé de la pièce. Je me laissai faire, sans trop me poser de questions.

Je constatai avec un frisson qui me parcourut le dos que les magazines gratuits n'étaient plus là. On n'avait pas dû encore recevoir les nouveaux ou pris le temps de les installer sur la table basse.

Le gynécologue vint me chercher dans la salle d'attente, pile à l'heure. Les sourires et les salutations étaient crispés.

Il ne savait sûrement pas trop à quoi s'attendre. Allais-je m'en prendre à lui, l'invectiver, l'accuser d'une erreur de diagnostic et remettre en cause sa compétence médicale d'échographiste ?

Il ne le savait pas, il le redoutait et cela se voyait.

Je ne pris aucun plaisir à sentir la peur dans ses yeux. Je ne voulais pas l'accuser de tout, je n'étais pas venue pour ça.

Je voulais juste avoir une discussion franche, authentique, sincère, d'humain à humain. Je voulais qu'il descende de sa stratosphérique posture de médecin qui oblige si souvent à manier la langue de bois, la pensée binaire.

Je voulais de l'honnêteté, de la fragilité, de l'humanité.

C'est moi qui lançai la conversation. J'étais émue de parler, ma voix était modifiée :

— Bonjour Docteur ... je viens vous voir aujourd'hui car j'ai besoin de comprendre.
— J'imagine ce que vous ressentez. C'est la première fois pour moi aussi. Cela ne m'est jamais arrivé dans toute ma carrière. Avant que vous arriviez, j'ai repris tout le dossier, relu tout dans les moindres détails. Il n'y avait rien, rien à voir, rien de décelable. Ce qui est arrivé est extrêmement rare.

— Oui je sais, j'ai compris cela. Je ne viens pas pour chercher un coupable et vous accuser. Je viens pour échanger, parce que ça me fait du bien de vous parler.

Le gynécologue avait adopté la posture que j'attendais, il était humain et cela me faisait du bien. Je voulais clore le chapitre d'une belle façon, je ne voulais pas laisser en plan les choses, je ne voulais pas d'interactions ratées.

— J'ai un confrère à qui c'est arrivé, il y a deux ans. Je me rappelle, en tant que professionnels, on avait été plusieurs à se pencher sur ce dossier. Nous n'avions rien trouvé à dire. Je crois humblement, que malgré toute notre médecine et notre savoir, parfois, quand un enfant doit naître, il naît. C'est l'enseignement que j'ai acquis au bout de mes quinze ans d'expériences et que la faculté de médecine n'a pas su nous transmettre vraiment.
— C'est précisément ce que je pense aujourd'hui. Il y a des choses dans la vie qui s'imposent à nous, un destin qui semble vouloir s'exprimer, envers et contre tout. Je sais aussi qu'il n'est qu'une trame et que c'est bien moi qui vais en faire ce qu'il deviendra.
— Vous êtes bien différente de mes autres patientes, pour moins que ça, si vous saviez de quoi je semble responsable. Je comprends la colère, la détresse, je suis un grand défouloir...

Vous savez, je ne pensais pas que vous viendriez au rendez-vous. Je pensais que vous l'aviez pris dans un moment de colère mais que vous n'aviez, en fait, aucune envie de me revoir.

— J'ai quand même hésité, mais j'avais besoin de vous entendre, de voir l'être humain derrière le médecin. Je vous remercie pour votre temps. Merci de m'avoir écoutée.

Je quittai le cabinet, toujours un peu émue, des larmes coulèrent. Ce n'étaient pas des larmes de tristesse infinie, ni des larmes de désespoir, c'était un chagrin flou, fait de désordre, de confusion, de perte. Quelque chose qui m'avait secoué l'âme, en profondeur, mais quelque chose, sur lequel je pourrais rebâtir, reconstruire. Je le savais.

J'avais réagi instinctivement, inconsciemment, à l'annonce du handicap de ma fille.

La scène surréaliste dans la salle de bains de la clinique en avait été la preuve.

Passé l'instinct et les impulsions irraisonnées, j'eus besoin, ensuite, de penser, d'analyser froidement les choses, mes sentiments et mes ressentis. Il fallut que je les décortique, j'eus besoin de ressentir ce travail, dans mon corps et dans mon esprit. Il fallut que je les passe au tamis de mon corps et de ma psyché, dans ma vie, dans ma réalité personnelle.

J'avais besoin d'intellectualiser tout ce qui m'était arrivé.

J'étais dans un nouvel espace-temps, quelque part où je ne m'étais encore jamais rendue. C'était un endroit sombre où je ne voyais pas bien les contours. Je ne savais pas s'il faisait nuit ou s'il faisait jour. Je ne percevais pas la profondeur des lieux, ni la chaleur, il faisait froid.

Je ne sus pas combien de temps je demeurai là dans cet espace sans repères, sans toit, sans murs, à l'endroit ou à l'envers. On m'a dit que ça m'avait pris trois mois, presque cent jours pour remonter à la surface, réécrire ma vie et reprendre mon chemin.

Je n'étais ni dans le déni, ni dans la colère. J'avais quitté ce territoire de feu, de sang, qui m'avait rongée à la maternité. Je poursuivais mon chemin, celui du deuil. Je passais par toutes les étapes. Je me trouvai pendant trois mois dans un état incrédule, quelque chose d'indéfinissable, un entre-deux étrange avec comme point d'ancrage l'expérience de la fragilité.

Je faisais vraiment l'expérience de la fragilité, la mienne d'abord et celle de ma fille, puis celle de la vie qui bascule en quelque secondes.

J'essayai de me frayer un chemin sur la voie de l'acceptation consciente de mon destin. Moi qui avais fait preuve de tant de volontés de changement, d'affirmation de mes choix de vie, j'avais devant moi un boulevard immense à défricher. Je n'avais plus rien à inventer car l'immensité s'ouvrait sous mes pas, tout était là. En même temps, j'avais tout à réinventer, tout à reconfigurer, avec ce que j'avais devant moi.

Le défi était immense, la tâche titanesque.

Depuis mon pèlerinage et la création de ma société, j'avais acquis une confiance en moi inébranlable.

À présent, elle vacillait un peu. Le vacillement de mon monde ouvrait une autre temporalité, bien supérieure car devant l'œuvre titanesque qu'il me faudrait réaliser, il y avait une portée quasi mythologique.

Serais-je à la hauteur de moi-même, de celle que je crois être, de mes mythologies personnelles ? Faut-il devenir un démiurge pour surmonter cela ?

Je songeai à mon travail, comment allais-je faire maintenant, pour m'organiser, pour reprendre mon rythme ? C'était impensable.

Moi qui songeais, encore quelques jours avant, à développer ma société, à prendre de nouveaux marchés, à me diversifier.

Ce n'était clairement pas ce que la vie attendait de moi, les chemins que j'avais imaginés pour grandir, progresser ne passaient pas par mon activité professionnelle.

Voici le message de la vie que j'étais en train d'intégrer.

J'allais grandir d'une autre façon, plus lentement mais plus sûrement.

Je ne pourrais plus mener de front une activité professionnelle aussi dense et aussi chronophage et m'occuper de ma fille, avec les prises en charge diverses qu'elle aurait auprès des auxiliaires paramédicaux.

Pendant tout ce temps à la clinique, je n'avais pas pensé un seul instant à ma société, c'était fou. C'était maintenant, entre mes murs, que ce détail revenait.

Ce détail... c'était ma vie d'avant, ma fierté, mon carburant.

Tout ce que j'avais bâti allait s'effondrer, je ne voyais pas comment faire.

Il fallait que je renonce aux nombreux déplacements, aux horaires élastiques. Ma fille aurait besoin de plus d'attentions, de plus d'investissements. Je ne me voyais pas la laisser aux bons soins d'une nounou. C'était au-dessus de mes forces, je ne pouvais pas envisager de la confier, il fallait que je sois là, pour prendre soin d'elle.

Il fallait que je vive jusqu'au bout mon parcours initiatique, c'était ma voie, celle que j'avais empruntée.

Ce n'était plus possible de me défiler. J'étais déjà si attachée à elle.

Je dus faire des choix, c'est précisément ce que la vie me demandait et c'est ce que je fis.

Attendre ne servirait à rien, il fallait s'organiser rapidement. Je me réunis avec mes formateurs et fis un état de ma situation personnelle et de l'avenir de la société.

Ils furent bouleversés par l'ampleur de la déflagration et par ma radicalité. La situation eut des répercussions multiples auxquelles personne n'avait vraiment songé.

Je décidai de garder ma société mais de la mettre en sommeil. Peut-être, pourrais-je, dans plusieurs mois ou quelques années, réfléchir à un projet et il me faudrait une structure juridique pour cela.

En ce qui concernait les clients actuels, je proposai à mes formateurs de les récupérer, suivant leur aire d'intervention et leurs affinités. Ils pourraient ainsi continuer à travailler et à facturer avec leur structure indépendante, puisqu'ils étaient en free-lance.

Je négociai avec eux un pourcentage sur leurs prestations, semblable à une tarification d'apporteur d'affaires.

Je n'en revenais pas de ce que j'étais en train de faire, mais il fallait que je le fasse. J'avais besoin de couper net, de trancher dans le vif et de ne pas m'appesantir. C'était déjà tellement difficile.

Après les considérations juridiques et comptables et pour détendre un peu l'atmosphère, je sortis les coupes et les bouteilles de champagne que j'avais préparées. Je voulais fêter l'arrivée de ma fille, comme je l'aurais fait naturellement si les circonstances avaient été différentes.

Ce n'était pas un enterrement, c'était bien une naissance qu'il fallait célébrer.

La joie était mesurée mais tout le monde fut heureux de s'inscrire dans une forme de normalité.

Mes amis avaient prévu des cadeaux de naissance, ils n'avaient pas lésiné et cela me faisait chaud au cœur. Ils s'étaient montrés d'une extraordinaire générosité, comme pour essayer d'apaiser ma peine, comme pour faire diversion, comme pour compenser la perte.

La perte de mon enfant parfait, la perte de mes illusions, de mes rêves professionnels, la perte de tous mes repères.

Ils avaient bien compris que je faisais bonne figure et beaucoup d'efforts pour faire comme si, ils savaient que je marchais à vue en rase campagne, pieds nus, sans carte, ni boussole.

Ils avaient de la peine pour moi et cela c'était difficile à supporter. J'avais déjà ma propre personne à gérer, je ne pouvais pas en plus me laisser submerger par tous les signaux de détresse que je percevais chez les autres.

Je les remerciai bien chaleureusement et dus partir, rentrer chez moi. J'étais en train de me faire du mal. J'avais besoin de me rassembler et de revoir ma fille, elle me manquait.

J'étais encore bien fragile, mon équilibre était précaire, il fallait du temps.

Sitôt rentrée, je m'effondrai dans le canapé, ma fille dans les bras. Je passai la soirée à composer une chanson triste.

Il m'arrivait, parfois, d'avoir l'âme lyrique devant une infinie tristesse.

LE SANGLOT

Tout le monde a oublié,
La toute première fois,
Quand tout a commencé,
C'était pourtant la joie.

Je viens aussitôt,
Quand l'amour bat de l'aile,
Aussi vite qu'il le faut,
Quand le destin m'appelle.

Quand tout semble faux,
Quand tout semble trop,
Quand il manque les mots, le sanglot.

Je ne pensais pas,
Montrer autant de peine,
Je ne voulais pas,
Avant qu'elle soit certaine.

Je reviens parfois,
Quand l'amour a gagné,
Ça ne dépend pas de moi,
Je ne suis pas le dernier.

Quand tout semble faux,
Quand tout semble trop,
Quand il manque les mots, le sanglot.

Parfois je ne sors pas,
Je reste enfermé,
On ne m'autorise pas,
À me laisser aller.

Pour savoir d'où je viens,
Il faudra m'écouter,
Sinon le grand chagrin,
Reviendra tout faner.

Quand tout semble faux,
Quand tout semble trop,
Quand il manque les mots, le sanglot.

Rien n'est écrit d'avance, ou du moins que dans les grandes lignes. C'était à moi de choisir plus que jamais mes routes secondaires et mes itinéraires de délestage. Je devais tout inventer, je devais me réinventer.

Je pris conscience que plus rien ne serait comme avant mais qu'il ne fallait pas tomber dans l'immobilisme, devant la peur de l'inconnu et la perte de repères. J'avais ralenti mon mouvement, changé mon rythme, mais je devais toujours avancer, même si c'était pour faire quelques pas de côté.

Je cherchais ma place, je cherchais quoi faire, comment faire. Je n'avais pas de mode d'emploi.

Je dus tout créer, tout recréer, je dus être plus que jamais mon nouveau créateur, mon créateur de bonheur. Il ne fallait pas subir sans réfléchir, de cela j'en ai été imprégnée depuis mon enfance.

Je pris une position dominante sur les choses, recherchai à prendre de la distance. Dans cet exercice d'équilibriste, je redécouvris les lectures philosophiques de Georges Canguilhem, philosophe et médecin.

Je relus en particulier un livre *Le normal et le pathologique* qui présente une vraie philosophie de la médecine et plus exactement en ce qui concerne et définit le caractère pathologique. Pour Georges Canguilhem, on ne peut pas définir clairement le concept même de pathologique, et ainsi définir tout aussi clairement la notion de normalité. Il pensait que le pathologique ne pouvait pas se cerner dans l'absolu mais qu'il ne pouvait se comprendre que du point de vue du malade. C'est pour cela que certaines personnes, officiellement déclarées « malades » d'après des valeurs biologiques, vont très bien et d'autres considérées comme « non malades » (aux mêmes valeurs) le sont. Tout s'explique par l'organisme, sa tolérance et ses facultés de compensation.

Cela signifie d'après Canguilhem qu'un organisme peut avoir une quantité d'anomalies sans que le fonctionnement global en soit affecté. Le vivant a dans une certaine mesure, une certaine capacité à retrouver l'équilibre. En conséquence de quoi, il y a plusieurs façons de vivre, de survivre, de compenser certaines faiblesses.

L'aspect dit normal ne signifie, en conséquence, pas grand-chose, si ce n'est que tout est équilibre précaire et que même les bien-portants marchent sur un fil précaire. Nous sommes tous funambules, en train de nous balancer sur un fil peu solide, au-dessus du vide.

Pour comprendre la pathologie, il convient donc d'intégrer l'état du malade au tableau clinique, de ne pas isoler des valeurs, des mesures. Les profils types n'apportent aucune vérité, ni aucune donnée prédictive au diagnostic et n'aident donc pas à résoudre la problématique.

Sous l'anormal, il y a bien du normal, puisqu'il y a de la vie, la possibilité de vivre, la viabilité. Le normal est donc dans le vivant en général.

On peut vivre malade, dans une certaine mesure, il y a bien un fil de normalité qui permet de vivre, dans un fonctionnement, a priori, anormal.

J'avais découvert la pensée de Canguilhem, par hasard, lors de lectures vagabondes, quelques années en arrière.

J'avais beaucoup aimé son analyse, je l'avais trouvée très juste, mais aujourd'hui, elle revêtait un sens bien différent ou plutôt elle faisant sens, plus que jamais, pour moi.

Valentine n'était même pas malade, au sens médical, elle était porteuse d'une particularité chromosomique, qui pouvait faire varier, justement, la notion et l'expression de normalité.

Toute cette pensée, à contre-courant de nos croyances, de nos logiques simplistes, avait réussi à me nourrir et à éloigner de moi le spectre du triptyque dévastateur : pathologie, vie condamnée, fin tragique.

Je sentis que tout était là, contenu dans ma façon d'entrevoir les choses, de les penser et de les intégrer. Mon angle d'observation sur la scène était capital, mon point de vue d'observatrice pouvait tout changer.

Je n'étais nullement obligée de me glisser dans les lieux communs, dans les points de vue simplistes. Je devais innover, faire du rose avec du noir. Moi seule avais le pouvoir de tout changer.

Moi seule avais un super pouvoir, celui de choisir car c'était bel et bien un choix. Choisir, au sens de décréter, décider ce que je voulais penser pour imaginer ensuite librement le scénario et écrire la fin de l'histoire.

Personne n'allait me voler mon récit, c'était à moi de l'écrire, de la meilleure des façons. Il fallait que je redevienne la maitresse du jeu, que je redessine mes chemins, ceux sur lesquels j'avais envie de marcher.

Je me trouvai à la croisée des chemins, dans un réservoir fécond où le passé, le présent, le futur ne faisaient qu'un, un seul et même temps. Une temporalité d'expériences, de réflexions, pour rapprocher l'impensable, le rythme idéal et le changement, sans pathos. Réussir à aller jusqu'au dessillement final.

La littérature m'avait toujours accompagnée dans ma vie et dans mes aventures de vie. Ce parcours initiatique qui s'ouvrait devant moi n'allait pas échapper à la règle.

Moi, qui croyais avoir déjà vécu un parcours initiatique, avec mes deux cent cinquante kilomètres de marche entre le Velay et les vallées du Lot, je n'avais, en fait, réalisé qu'un prélude, une mise en jambe. J'avais beaucoup appris sur moi, beaucoup évolué, mais il me semblait que je n'avais fait qu'un très gros entraînement. Mon pèlerinage n'était pas un vrai parcours initiatique tel que la vie le réclamait.

Le véritable était maintenant devant moi. Ce n'était pas moi qui avais décidé, mais c'était à moi de décider ou pas de relever le défi et d'accepter, cctte fois, de gravir de vraies montagnes. Les souvenirs de mes plateaux déserts et basaltiques paraissaient lointains, mais ils m'aidèrent à me rappeler les sensations de solitude, de froid et des surgissements limites qui se présentent à la faveur des ressentis extrêmes. Je savais donc quoi faire, comment tenir bon, avancer sereinement, en pensant au chemin parcouru, aux lendemains qui chantent toujours. Je devais là encore, me prouver ce dont j'étais capable. J'étais à terre, mais je me voyais déjà marcher dans les vertes prairies.

Marcher et courir, main dans la main, avec ma fille.

Réussir à « *refigurer* » l'histoire, comme le disait Paul Ricœur, fut l'ascension des Pyrénées que je n'avais pas faite.

Il convenait plus que jamais de se perdre pour se trouver.

Mon quotidien de jeune maman était semblable à tous les autres. J'étais fatiguée et ma fille réclamait ses biberons toutes les trois heures. Le sommeil haché de mes nuits provoquait un état cotonneux, difficilement dissipable, qui me protégeait néanmoins des crises d'angoisse et des variations de pression artérielle. Cette dernière était d'ailleurs au plus bas.

J'étais si épuisée que je me traînais du lit au canapé, j'allais de la cuisine à la chambre de ma fille. Voilà les immensités sauvages que j'étais capable de traverser.

Entre deux biberons, j'essayais de lire un peu, de me changer les idées. Je passais en boucle toutes les chaînes de la télévision, comme d'habitude il n'y avait rien d'intéressant et c'était tellement désespérant ça aussi.

Un jour, n'y tenant plus, je me rendis à la médiathèque de ma commune, avec la poussette. Je fis l'effort de marcher un quart d'heure, pour aller renouveler mes lectures. Je ne savais pas ce que j'avais envie de lire, mais il me fallait quelque chose, n'importe quoi.

J'avais besoin de voyager dans ma tête, d'emmener mon esprit ailleurs. N'importe quel magazine ferait l'affaire.

Je parcourus, à pas comptés, les allées de la médiathèque et me dirigeai vers le rayon philosophie. Je fus immédiatement attirée, ces rayonnages me parlaient, ils me rappelaient d'autres temps, le temps des questionnements.

À présent, c'était de réponses dont j'avais besoin.

Je me plantai soudainement devant des ouvrages de Paul Ricœur, je n'en avais jamais lu. Je pris au hasard *Temps et récit*, il fut ma plus belle découverte de ce parcours initiatique.

En rentrant chez moi, je dévorai ce livre, pourtant assez ardu, avec une ferveur de disciple qui voulait l'enseignement de son maître. Au fil des pages, je découvris que la représentation que l'on a de soi en écrivant est quelque chose de complexe.

Les éléments biographiques, qui s'imbriquent dans un récit, nous permettent de prendre conscience que le temps peut s'agencer, comme bon nous semble. Et plus exactement, que l'auteur d'un récit peut se jouer du temps, en inversant, distordant, raccourcissant, allongeant, supprimant les péripéties.

Il est le maître du jeu. Il maîtrise son mouvement et surtout, celui qui ne lui plaît pas. Dans un récit, l'individu peut le modifier, jouer, dévier, s'affranchir. Il est devant le champ des possibles, tout est ouvert. Les trois temporalités – passé, présent, futur – se remanient avec aisance et la compréhension des choses surgit comme une évidence pour le lecteur. Le récit fait sens.

On peut donc vivre des évènements et ne pas les comprendre d'emblée, puis, sous le jeu de l'écriture, on recompose, on dépose et on ose comprendre. Les mots font sens.

Le rapport au temps, l'appel à la mémoire, tout ce qui construit une narration personnelle et modifie une réalité vécue est le point d'orgue du livre. Le récit est un outil qui permet une médiation, nécessaire à la compréhension de soi et des choses.

Le récit donne un sens au temps. Conter une réalité et raconter des évènements vécus sous la forme d'un récit permet à cette même réalité de s'incarner moins violemment, d'être moins noire, moins angoissante ou moins anodine.

La réalité est repensée, retravaillée, le lecteur la remet en place et en perspective. Le lecteur sait ce qu'il a envie de lire.

Avant d'être la lectrice de mes récits, je dus devenir l'auteure de mes ressentis et de mes émotions, de mes nuages et de mes soleils. La naissance de ma fille m'avait fait glisser doucement vers un ailleurs, dans lequel les pensées giclent sur le papier, où les émotions inondent des carnets entiers.

Je redécouvris l'écriture, cette activité si personnelle, quelques mois après le plus grand chambardement de ma vie.

Ces moments de mise en récit, inspirés par mes peurs et mes doutes, me permirent de trouver la bonne distance entre ma réalité douloureuse et finalement, la réalité des instants, ceux que j'avais envie de lire.

Une réalité plus objective surgit des décombres et je m'aperçus qu'il y avait bien quelques rayons de soleil, au milieu de mes nuages gris. Le ciel était immense, je pouvais tracer toutes les lignes que je voulais à travers l'horizon et aller partout où bon me semblait.

Des émotions, des affects ne peuvent se comprendre qu'à l'aune de leur cheminement et de leur digestion psychique. Le temps du récit agit donc sur le temps de la vie réelle ou sur celui dans lequel je me débattais chaque jour.

Je pus trouver des cohérences là où il n'y en avait pas, limiter les errances, sans but et sans retour possibles.

J'appris à domestiquer un réel sauvage qui m'entraînait dans des contrées peuplées de fantômes et d'ogres dévoreurs de petits enfants.

Ma réalité, tellement discordante et dissonante, se remit à sonner juste. Au lieu d'être la victime d'un destin sournois et pervers, je redevins l'héroïne de ma vie.

Je décidai, à travers l'écriture de réagencer les évènements et les ressentis, je devins la cheffe d'orchestre, le sherpa de mes montagnes.

Relire ensuite mes récits reconfigura ma vie, ma volonté d'avancer, coûte que coûte, malgré les embûches. Le pouvoir était entre mes mains. C'était bien moi et personne d'autre à la manœuvre de ma vie. Moi qui dessinais mes chemins et décidais d'aller dans tel ou tel sens. Je n'allais pas écrire de la rage et du désespoir jusqu'ad vitam aeternam. Il fallait inventer une belle vie, créer des routes droites, larges à vue dégagée, autant que possible. Chaque jour, je me mis à écrire, à consigner dans un journal des récits de mes journées sur mon nouveau chemin. Il devint mon journal de bord, mon codex pour l'aventure.

Je ne me retins pas au début dans mes émotions et mes sentiments, puis chemin faisant, ma relecture m'apparut un peu exagérée ou pas tout à fait objective. Mais, qu'est-ce que l'objectivité quand cela passe par le filtre émotionnel ?

Je modifiai mes phrases, cherchai des synonymes, créai des variations sur un même thème.

Ma perception des choses, de ma vie se modifia et mon environnement s'en trouva changé. L'intérieur et l'extérieur interagirent de concert. Changer mon angle de vue, faire baisser ma charge émotionnelle interne eurent l'effet de me présenter mon cadre de vie comme étant plus clément, et les gens aimés comme plus bienveillants que je ne le pensais.

Je sortis peu à peu de mon cauchemar de bruits et de fureurs, pour trouver un songe plus doux et mélodieux.

Au bout de trois mois, je redécouvris ma fille, je pris tout ce qu'elle m'offrit, sans me poser trop de questions. Je sortais d'un mouvement bloqué, j'étais une pendule arrêtée, je reprenais enfin ma course. Je n'étais plus une mère robot qui s'occupait d'elle, sur un rythme saccadé, fait de biberons, de couches, de bains et de mises au lit. J'étais devenue une mère joyeuse, câline, rieuse, heureuse.

Valentine était une petite fille très facile, jamais capricieuse. Elle s'éveillait doucement à la vie. Elle n'était pas si différente des autres enfants, elle avait besoin comme les autres d'amour et de sécurité. Elle jouait avec ses hochets sur son portique. Elle mettait à la bouche tout ce qui passait pour découvrir son univers. Elle aimait ses doudous, les perdre était une catastrophe. Elle avait son caractère et des goûts culinaires bien affirmés.

Elle m'offrit tout ce qu'une mère pouvait attendre d'un nourrisson. Je lui offris tout ce qu'une maman pouvait donner à son enfant.

Nous nous étions finalement trouvées sur nos chemins de traverse.

Partager ensuite mes écrits, pour donner au plus grand nombre la force de l'exemple, le poids du vécu et l'importance de la résilience.

Créer un livre qui deviendrait ce que chaque lecteur a envie de voir et de retenir. Un espace de liberté, un champ d'inspiration pour configurer sa vie ou reconfigurer son existence.

Un livre comme une balise, sur le chemin des lecteurs qui auront eu le goût et le courage de lire l'aventure jusqu'au bout. Un récit de vie qui encourage chacun et chacune à ne jamais s'arrêter de marcher, à créer son mouvement et à en rester maître. Les pas entraînent les pensées, et les pensées, à leur tour, vont s'incarner dans des projets, des mouvements, des changements.

Des chemins, des routes vont se dessiner, de nouvelles perspectives vous appeler. Il faudra être courageux, il faudra y aller, il faudra oser les emprunter.

Il y aura des signes sur les routes, il faudra bien regarder, être à l'écoute, être prêt.

Il ne faudra jamais s'arrêter de penser, il ne faudra jamais renoncer, ni devant la difficulté, ni devant vos rêves et encore moins devant l'inacceptable.

Bien souvent, vos pieds savent où ils ont envie d'aller, laissez-vous faire.

Marchez, vagabondez, errez, déplacez-vous, décentrez-vous, « *les orteils se dressent pour écouter* », ils sont à l'affût.

Quel que soit le mouvement, un vagabondage, une errance, un pèlerinage, un parcours initiatique, ils sauront vous guider.

Marchez seul ou accompagné, la nuit, le jour, dans les plaines ou les forêts, dans la montagne ou la Limagne, par tous les temps.

Retrouvez le goût de l'effort, le bonheur du réconfort et trouvez le chemin le plus radieux.

Vivez vos passions, toujours à fond, ne vous reniez pas, elles vous conduiront là où vous voulez aller, là où vous n'osez pas encore.

Ne cessez jamais d'inventer votre vie, d'assurer vous-même le *storytelling* de votre existence.

Inventez votre scénario, soyez l'acteur, l'actrice, le réalisateur, la réalisatrice, le ou la scénariste, le ou la scripte de votre histoire.

N'apprenez jamais par cœur des répliques qui ne vous ressemblent pas.

Réalisez vos films, mettez en scène, pensez à votre angle de vue, à votre cadrage, soignez votre lumière.

Ne laissez personne décider à votre place, ne confiez pas votre œuvre de vie, aux sphères de l'immobilisme, de la routine et du renoncement. Mettez de la poésie, de la philosophie dans votre vie.

Inventez !

« Tant que vous ne vous êtes pas engagé, persistent l'hésitation, la possibilité de se retirer, et toujours aussi, dès qu'il s'agit d'initiative ou de création, une certaine inefficacité.

Il y a une vérité élémentaire dont l'ignorance a déjà miné nombre de grandes idées et de plans merveilleux : c'est que, dès l'instant où vous vous engagez, la providence intervient, elle aussi.

Toute une série d'évènements jaillissent de la décision, comme pour l'appuyer par toutes sortes d'incidents imprévus, de rencontres et de secours matériels, dont vous n'auriez jamais rêvé qu'ils puissent survenir.

Quoi que vous puissiez faire, quoi que vous rêviez de faire, entreprenez-le.

L'audace donne du génie, de la puissance, de la magie.

...Commencez maintenant. »

Johan Wolfgang Von Goethe

(1749-1832)

Épilogue

Dix ans ont passé depuis la naissance de ma fille et je n'ai jamais cessé de marcher, je n'ai plus jamais été un *cul-de-plomb* !

J'ai marché, main dans la main, avec ma fille, avec la vie.

J'ai créé d'autres chemins, je suis sortie de mon labyrinthe, Thésée a encore gagné.

Valentine s'est battue, elle aussi, pour marcher, pour avancer dans la vie. Ses petits pas sont des victoires. Elle avance patiemment mais sûrement. C'est une petite fille volontaire, courageuse, portée par l'amour de ses parents et de sa famille. Tout le monde est derrière elle, la pousse et l'encourage.

Elle a déjà gravi des montagnes, dévié le cours des chemins qui semblaient tout tracés. Elle dessine chaque jour ses routes secondaires et ses paysages.

Valentine est scolarisée en école primaire ordinaire, accompagnée par une auxiliaire de vie scolaire, elle est aujourd'hui en CM1. Elle a appris à lire, à écrire, à compter. Elle perfectionne chaque jour sa technique.

Elle marche avec les autres, sans autre projet que d'être heureuse et autonome, pour pouvoir un jour, choisir sa vie, emprunter les routes qui se présenteront et qui lui correspondront.

En attendant, elle apprend, elle grandit et tire profit de tout ce que l'existence met sur sa route.

J'ai déjà appris beaucoup de choses grâce à Valentine, j'ai acquis des qualités que je n'avais pas. Entre autres choses, la patience est devenue l'une de mes vertus.

J'ai appris à son contact la résilience, la patience, j'ai attendu le bon moment pour recréer ma société, je me suis remise en question encore une fois et j'ai changé d'activité.

Aujourd'hui je travaille toujours en free-lance, mais plus dans le domaine des ressources humaines et de la formation des salariés.

Je suis devenue rédactrice éditoriale, au sein de l'Office de Tourisme de Saint-Martin, dans les Antilles françaises. J'ai tellement marché que j'ai traversé l'océan Atlantique, sans doute portée par la Providence. Avec une bonne connexion internet et un bon ordinateur, je travaille à distance.

Je vis toujours près de Lyon et je télétravaille.

Le hasard des rencontres a fait que je me suis liée d'amitié avec un Saint-Martinois qui m'a fait découvrir son île et j'en suis tombée sous le charme.

J'y ai trouvé de l'exotisme et surtout une authenticité, une nature généreuse, un art de vivre particulier. Une vie faite de bonheurs simples, d'instants présents, de marches dans la lande littorale, de nages avec les tortues dans la réserve naturelle.

Je m'y rends plusieurs fois par an pour mon travail mais aussi pour mes vacances en famille.

Saint-Martin est mon autre chez moi, mon autre maison. C'est mon repaire, l'endroit qui répare.

L'écriture est devenue ma principale activité, elle me porte chaque jour et dessine sans cesse de nouveaux chemins.

Je n'ai qu'à continuer à les suivre et voir où ils me conduiront ...

Table des matières

Imprimé en France
FROC031950300120
23320FR00005B/16

9 782377 892983